JN424966

달빛 한 자락

사상과 문학 두 번째 동인집

달빛 한 자락

사상과 문학 두 번째 동인집

곽명선 반인홍 서요셉
이명희 이민욱 이주후
조운파 최병극 최성대

하나로선 사상과문학사

격려사

"달빛 한 자락을 붙들고…"

"막사발"시에 이어 하나로 선 동인들의 두 번째 동인지 출간을 기뻐하며 감격, 감사합니다.

이번 동인지 출간이 더욱 의미가 있는 것은 각박한 현실 속에서도 시심을 키우며 아침이슬 같이 맑고 밝은 작품 활동을 계속하심이며, 동인지로 동인활동을 증거하며 동인들이 문학토론과 정보교환을 하여 뜻이 하나가 되어 소통하고 있음이며, 또한 노·장·청의 아름다운 조화를 이루고 있는 동인들의 인적구성이 하나로 서 있음을 보여 주고 있기 때문입니다.

뿐만 아니라 시인, 작곡가, 희곡작가, 목사, 평신도, 교사, 교수, 그리고 은퇴자, 현 업에 종사하시는 분들도 구성되어 있어 직업을 초월하였다는 것은 시사하는 바가 매우 크다고 하겠습니다.

다시 말하면 "하나로 선 사상과 문학"이 추구하는 철학을 실천하는 동인들이라는 것은 발행하는 입장에서 보면 기쁘고 뜻이 있다는 것입니다.

바라기는 지역간, 계층간, 이념간, 남녀 노소간의 갈등이 심한 나라에서 조화와 타협, 통합의 리더십에 앞장서서 실천하는 동인들이 되었으면 합니다.

각박한 현실 사회 속에서 윤활유 역할 같은 사명을 감당하며, 문학의 새 지평을 열어가고 있는 귀한 분들의 앞날에 항상 빛이 떠나지 않길 기원하며 격려 드립니다.

발행/편집인/시인

박 영 률

축 사

제여금 길을 트는

문학의 장르는 '말하기 방식'의 차이 때문에 갈린다. 현대 서정시의 말하기에는 감수성과 의미 소통의 지연 장치가 있어야 한다. 감수성의 특성과 의미의 산문화가 노출되면, 서정시는 존립의 위기에 처하기 쉽다. 프랑스 비평가 생트 뵈브가 말하였듯이, 예술이란 그것이 어떤 것인가 하고 생각하는 것 자체이기 때문이다. 이 소통 지연 장치의 유무에 따라 고급 예술과 통속 예술의 층위가 준별된다.

사상과 문학 두 번째 시 동인지 ≪달빛 한 자락≫에 실린 아홉 분의 시편들에는 공통점이 있다. 말하기의 방식이 자연스럽고 망설임이 없으므로, 말길이 거침이 없이 틔어 있다는 점이다. 시에 꿰맨 흔적이 없으니, 노작(勞作)이라기보다는 영감(靈感)의 소산들이다. 모두 영성(靈性)의 궤적을 따라 표출되었다. 그럼에도 아홉 분 모두 제여금 개성 있는 시학의 길을 찾아 가고 있다.

다만, 현대 서정시의 속성인 소통 지연 장치인 은유·상징의 이미지, 의사 진술(擬似陳述, pseudo-statement) 등의 기법 수용을 권한다. 동인지 발간을 축하드린다.

문학박사 · 문학평론가/가톨릭 대학교 명예교수

김 봉 군

머리글

하나로 선 사상과 문학 동인 제2집을 내면서

너울진 벗님들이 시상을 가지고 시심을 노래한다는 것은 아직 동심이 우리 속에 남아 있다는 것이다.

우리에게 아직까지 삶의 선율이 있음을 찾지 못했더라면 참으로 메마른 세상만 고민스럽게 안고 있었을 것을 생각한다면 딱한 모습이 많이 있었을 것 같다.

그러나 우리는 상상을 뛰어넘어 우리들의 노래를 모아 동인 제2집을 창간한다는 것은 "아얄론 골짜기에 태양아 달과 함께 머물러라" 하신 여호수아의 말씀처럼 우리의 삶을 한 폭의 그림으로 여호와께서 한 자리에 전시하시겠다는 뜻으로 해석한다.

우리가 성경을 인용하듯이 말씀의 아름다운 숨결은 언어가 이미지로, 이미지가 시상으로, 시가 가락으로, 가락이 춤으로 표현되듯이 우리의 동인 제2집이 두고두고 독자들과 한마음으로 아름다워지기 바란다.

"노래 불러라." 아름다운 곳/ 아름다운 소리/ 아름다운 가락/ 참 좋은 주인의 노래/기름진 솜씨/심겨진 숲/

옥토에 가뭄 있을까/샘 줄기를 열더니.

자연 안에 자리잡은 감미로움을 느끼는 동인님들의 새삼스러운 모임을 여기까지 이끌어 주신 박영률 목사님과 동인 제2집을 편찬할 수 있도록 아낌없이 지도 해 주신 모든 분들에게 진심으로 감사드린다.

마지막 한마디 바쁘고 어수선하게 돌아가느라 모두 다 한가한 여유가 없지만 이보다 더 여러 가지 다방면으로 지인들께서 일사천리로 하나 되는 데 모든 것을 모아 주기를 바라마지 않으며 동인 제3집의 동트는 아침을 기대하면서 모임 인사를 가늠하는 바이다.

동인 회장 **반 인 홍**

차 례

서요셉

여는 글

이주후

조운파

최병극

최성대

곽명선

· 서울 출생, 「하나로 선 사상과 문학」으로 등단
· 「하나로 선 사상과 문학」 작가회원 및 운영이사, (사)현대시인협회 회원
· 용아 박용철 시인 기념사업회 회원
· 정신개혁연구원 연구원장, 사회문화신문 주간
· 동인지 제1집 (막사발)

여는 글

인도의 작은 초등학교

인도 벵갈로 주에서 활동하는 선교 단체를 통하여 인도 작은 마을 초등학교를 방문하게 되었는데 이 학교는 이슬람계열의 학교다. 학교 입구 작은 웅덩이에 분홍빛 연꽃 몇 송이가 반갑게 방문자를 맞아 주었다. 교내에 하얀 단층 건물이 기역자로 자리잡고 아담한 교실 5개와 1개의 교장실을 포함한 교무실이 우리나라 시골 학교를 연상케 한다.

반갑게 맞아준 안내 선생님이 제일 먼저 소개한 곳은 교내 운동장 담장 앞에 자리잡은 묘지였다. 큰 묘지 한 개와 옆에 작은 묘지 두 곳이 나란히 자리잡고 있는데 200년 이상 된 원숭이 묘지라고 했다. 위대한 인물의 묘지도 아니고 한낱 원숭이 묘지를 어린이들이 수업하는 교내에서 섬기는 것이 이해가 되지 않지만 한편으로 모든 생물을 사랑하는 인도인들의 마음 자세가 부럽기도 하다.

준비해온 스케치북과 연필 다발을 들고 교실문 안을 들어서니 선생님이 한국에서 온 방문자를 소개하자 아이들은 환호를 하였다. 환호받을 일도 아닌데 멋쩍은 모습으로 손을 흔들어 주었다. 연필 몇 자루를 받아드는 어린아이의 손길과 새까만 눈동자 속에 감사의 연민이 느껴진다. 작은 것에 이렇게 감사하고 기뻐하는 동심의 세계가 새삼 그리워진다.

옆 교실에는 좀 더 고학년 아이들이 수업을 하고 있었다. 마침 선교 단체 봉사자가 수업하는 시간이다. 일주일에 두 번 봉사 수업의 기회가 있으며 음악과 영어를 수업하는데 지금은 음악 시간이다. 그런데 수업 방법이 특이하게 차트에 한글로 복음 성가 가사와 아리랑을 가르치고 있었다. 한글도 가르치고 간접 선교도 하는 기발한 방식이다.

쉬는 시간에 준비한 음료와 빵을 아이들에게 선생님이 나누어 주었다. 누가 시키지도 않았는데 질서정연하게 길게 늘어서 간식을 받아가는 모습을 보며 한국의 버스 타는 장면이 생각나 부끄러운 마음에 얼굴이 붉어졌다.

학업 견학이 끝나고 교장실에서 교장 선생님과 대화를 하게 되었다. 아담한 책상 한 개와 응접 세트 그리고 책상 옆 긴 화분에 이름 모를 하얀 꽃이 화사하게 피어 조화를 이룬다. 눈길을 끈 것은 정면 벽 위에 초상화 세 개가 걸려 있었다. 한 개의 초상화는 얼핏 보아도 간디의 초상화다. 나머지 두 개의 초상화를 물어보니 하나는 마호멧트 상이고 하나는 학교 설립자의 초상화라고 했다. 인도인의 정신적인 지주, 간디는 모든 인도인의 존경을 받는다.

우리나라에는 온 국민에게 존경받는 지도자가 없는 것이 슬프다. 간디가 존경받는 이유는 많은 사람들에게 사랑이 무엇인지를 행동으로 보여주었기 때문이라 생각한다. 인도 시골의 작고 가난한 학교에서 많은 것을 배워 가는 보람된 방문이었다.

가분수

둥그런 백합 뿌리를
박차고 튀어 오른 하얀 새싹
하룻밤 사이에 고개를 쳐든다

고무줄 늘어나듯
쑥쑥 한 키를 훌쩍

가냘픈 몸매에
달랑달랑 매달려 있는
파랑 잎 새 사이에
하얀 꽃봉오리 삼형제

진한 향기 내품으며 만개하니
굽어진 허리 휘영청
지지대에 기대어 몰아쉬는 숨소리

하루하루 쌓여진 짐
힘겨운 발걸음
가지에 매어달린 꽃발을 보며
후회 없는 발걸음을 옮긴다

시골 버스

뜨문뜨문
기다림 속에
덜거덕 덜거덕 낡은 버스

예쁜이 곱뿐이
넉살스러운 옛 친구
구불구불 시골 길
왁자지껄 수다 만발

신장로 가로수에
걸려 있는 하얀 봄꽃
바람에 나부낀다

바둑판 논바닥에
가지런한 연둣빛 모순
누가누가 키가 크나 발돋움

어제나 오늘이나
눈에 익은 들길 지나
등에 업은 손객들
정거장에 토해낸다

가시 넝쿨

거침없이 어우러져 가는
지치지 않는 자유자

온몸이 가시로 덮여도
부끄러움이 없다

내 것도 남의 것도
찾아온 기회 부여안고
넓은 세계 열어가며
달려가는 하얀 세상

복잡한 사회 구조
갈 길을 붙드는 제도에서
꽉 막힌 공간 안에
가쁜 숨을 몰아쉰다

여기저기 넘나들며
너와 내가 함께하여
자유롭게 살아가는 가시넝쿨이 되련다

인도의 고목

목마른 대지 위에
천년을 버텨온 생존의 갈망
뿌리를 깊이 묻어도
생명수 줄기는 희미하다

육 개월을 기다려도 소식 없는 단비
육중한 몸매를 지탱하려
메마른 허공을 향해 들이키는 숨결

아름드리 몸통에
헤아리기 어려운 작은 가지 하늘 향해 치달리고
허공에 매어달린 뿌리가 땅으로 내달려
2프로의 수분을 얻으려고 몸부림친다

하루 지나 두 해 지나 천년 세월 지나가니
커다란 그늘 밑에 만들어진 안식처
오가는 길손 쉼터 되었네

내일도 모래도
생존의 몸부림을 계속하여
더 커다란 그늘을 만들어 가련다

오색 김밥

하얀 도마 위에
가지런히 펴놓은 검은 카펫 위에
노랑 초록 하얀 붉은 빛이 찬란하다

꾹꾹 눌러 둘둘 말아
가지런히 놓아진 김밥
터진 옆구리에 살짝 비치는 하얀 속살

현란한 칼부림
동그란 쟁반에
그려진 오색 꽃잎

고소한 내음
감미로운 맛
행복한 미소 띠며
입속으로 시집간다

조약돌

날카롭고 모난 돌이
세풍에 매를 맞고 부서진다

폭풍우에 씻기고 깍이는 아픔에
이를 악물고
세차게 흐르는 물에
구르고 굴러 강가에 흩어진다
홍수에 밀려가는
긴 여정 끝에
해변에 널브러진 동그란 알맹이

굽이굽이 먼길 돌아
꼬마 손에 공기 돌로 거듭난다

당신은 조약돌을 만드는
사랑의 손입니다

나는 조약돌
오늘은 누구의 손에서
행복을 만들 수 있을까
꿈을 꾼다

가을 매미

가을 매미 소리는
유난히 선율이 곱다

이별의 아쉬움
못 이룬 사랑의 한이 서리고
마지막 가야 할 길이 안타까워

새벽부터 황혼 짙을 때까지
지치지도 않고
아름다운 목소리를 자랑한다

종착역의 그림자가 다가오는
내리막 고갯길

내일을 바라보며
부끄럼 없는 추억을 남기려고
오늘도 발걸음은
쉬지 않고 달려간다

다람쥐 밥

바람이 흔들고 간 나뭇가지
대롱대롱 매달린 밤송이가
흔들흔들 그네 타다 싫증이 나
몸을 날려 비행한다

벌어진 옷깃을 헤치고 나와
때굴때굴 낙엽 속에 스며드는
탱탱한 알밤

허기진 다람쥐
주린 배를 채워주려
한여름 뜨거운 햇살 거센 비바람
기다림의 세월을 마음에 담는다

행복한 미소 띠며
미지의 세상으로 시집가는
토실한 알밤은 행복하다

가을의 문턱에서

늦더위 기승이 식어가고
시원한 바람이 나뭇잎을 만지면
가을을 부르는 손짓을 느낀다

한낮에 햇볕이 뜨겁게 타오르면
들녘에 알곡들 살찌는 소리

매미 소리 멈추고
한밤에 풀벌레 합창하면
산마루 나무들
오색으로 단장하고
대자연 무대 위에
가을 축제가 시작한다

축제의 기억을 품으며
겨울을 준비하는
나그네의 마음은 호수가 된다

장승

거기 너 왜 서있니
폭염의 더위에 땀을 흘리며
쏟아지는 소나기에 우산도 없이
살을 에는 추위에 몸을 움츠리고
거기 너 왜 서 있니

거기 너 왜 서 있니
시끄러운 소음에 귀도 막지 않고
하고픈 말도 많을 텐데 입을 다물고
볼 것도 많은데 한 곳을 응시하며
거기 너 왜 서 있니

거기 너 왜 서 있니
생각을 잊어버린 허수아비처럼
말문이 막혀버린 벙어리가 되어
오랜 세월 한자리에 말뚝을 박고
거기 너 왜 서 있니

이제는 사면을 둘러보며
하고 싶은 말도하고
들려오는 가락에 맞추어
흥겨운 춤사위에 몸도 맡기며
가고픈 그 곳으로 발걸음도 옮겨보렴

반인홍

- (현) 송도순복음교회 담임목사, (법인) 한국전인교육협회 이사장
- (사) 2009년 한울문학 신인문학상 공모부문(시5편) 출품 당선
- (현) 「하나로 선 사상과 문학」 편집위원 운영이사
- (사) 한국현대시인협회회원, 큰샘출판사 운영이사
- (현) 세계 CEO 기아대책 인천연수구지회장

· **여는 글** 감사

· 안녕 · 산(山) · 조국 · 가시바다
· 종점 · 청량산 · 예녀(藝女)
· 세월 · 한(恨) · 노래 불러라

여는 글

송도유원지

인천하면 송도유원지를 빼놓을 수 없다. 인천을 한 번도 다녀가지 못한 사람이라도 송도유원지는 한 번쯤 가보고 싶은 충동을 가지고 있으리만큼 유명한 인천의 관관명소로 자리 잡고 있다.

지금은 국제 테크노파크 신도시로 지정되어 한국에 떠오르는 도시로 발전하면서 더더욱 그러하다.

송도하면 자랑할 것을 꼽는다면 맥아더 기념관, 박물관, 사찰을 비롯하여 라마다 호텔(전 비치호텔) 영락원(양로원), 고급 중국요리를 비롯하여 뉴욕, 일본, 이태리 등 세계시장의 양식업장, 송도갯벌의 전통을 자랑하는 회집들, 유명한 하동재첩, 꽃게 찜, 장어구이, 꼼장어, 더욱 유명한 아구찜과 아구탕, 잉어, 붕어, 장어, 메기 등 일품으로 소문난 밀물요리들, 콩나물해장국, 순두부북어해장국, 바글거리는 남원추어탕, 일미로 자랑하는 게장백반과 갈치 찜 옛날 신흥동에 유명했던 궁중삼계탕, 아리아리랑, 백악관, 등 유명한 한정식 요리, 더 유명한 송도갈비를 비롯한 송도공원 등 푸짐한 갈비 오리요리 집들은 빼 놀 수 없는 맛 자랑이다.

고급이면서 대중적이면서 유원지 안에 자리 잡은 식당들은 무슨 요리를 하든지 어느 집 할 것 없이 맛으로 승부를 내는 곳임으로 식사를 맛있게 하려면 송도유원지를 꼽음으로 송도유원지 먹거리 시장하면 정말 유명한 곳인 것을 누구나 다 알고 있는 사실이다.

청량산은 인천에 유일한 등산로로 유명하다. 청량산

끝으로 한 유원지 뒷길은 아백크족 드라이브족 누구나 사계절 걷고 싶은 뒤안길이다.

맥아더 기념관 뒷길 따라 우거진 소나 숲과 기념박물관 광장은 프랑스 목마르뜨 언덕을 방불케 하는 곳이다.

사람들이 밤낮으로 가장 많이 모이는 청량산 뒷길을 따라가며 빼놓을 수 없는 것은 길거리커피 (거리카페)이다. 한 잔 커피에 1,000원 두툼한 토스트 계란말이 24시간 아무 때나 찾아가 낭만을 즐기는 송도유원지. 이곳은 국내 인터넷의 네티즌들이 각종 동우회를 만들어 애용하는 송도유원지 명물이 된 것은 벌써 오래 된 일이다.

마치 덴마크에 가면 꼭 찾아보고 오는 인어동상처럼,

독일의 나일강변 로렐나이나 언덕처럼,

송도유원지와 청량산을 끼고 도는 도로변에 자리한 길거리커피(거리카페)들이다.

호화로워서 좋은 것이 아니고 이름난 쌕시들이라 유명한 것이 아니고 문화보다 못 미치는 허름한 아줌마들의 수더분한 미소와 풍성한 인심을 가지고 대지의 주인공처럼 구수한 민심을 담아주는 두툼한 손에 건네받는 정이 참 미풍스럽다.

시민의 한 사람으로 바라는 것은 관광의 자원은 우리 연수구는 무시할 수 없으리. 만큼 주민의 살림을 위하여 소중하다. 다른 구청처럼 산업 공단이 없는 연수구의 가장 유일한 수입원은 관광 수입이다. 사람들이 모이도록 거리카페는 난발이 되면 안 되지만 이깃 때문에 하루에 수 백 명씩 다녀가는 낭만의 유원지 길거리커피샵을 새로운 문화로 이용하면 일거양득이 되지 않을까 생각하지 않을 수 없다.

안 녕

스케이팅
싱글 프리에
훨훨 날아 은반 위에 돌아가며
춤추는 여왕

아쉬움에 몸부림치며
사랑 부르는
왈츠 소야곡 소치여 안녕

아스토르 피아졸라 여
당신의 허공에
나를 그려다오

애절함을 허공에 날려버리고
아쉬움 안고 가기 힘들지만
허공을 흔들고 돌아가는
아디오스 노니노
소치여 안녕

산(山)

불러보고
소리쳐보고
속삭여보아도 산은 말이 없지만
나는
산이 좋아
산에 오른다.

산이
죽었는가, 보면, 살아 숨쉬는 것 같고.
살았는가, 두드려보면, 감각은 없다.
있는 그대로만 보고 가라는 것인가!

산은
침묵하다. 내가 오면 귀가 뜨이나
어, 하면 어가 돌아오고
아, 하면 아가 돌아오니까 말이다.

산은
무한한 가능성의 소유자.
그래서 나는 산이 좋아
산에 오른다.

조 국

오!
나의 사랑하는 조국의
번영을 위하여.
마음속 깊이 품고 있는 통일.

흙을 한 움큼 쥐고,
남과 북을 오가며
이곳 저곳에 머물 뿐이다.

통일!
통일!

바람은 가고 철새는 오는데,
서서 보며 앉아서 그려만 보는
굳은 침묵들.

풀려다 풀지 못하고,
백록 천지만 안구 속에 묻어두고
소리 없이 날아간
영혼들아.
우리보고 어쩌라고.

바람아 전해다오,
새야 물어다 주렴,
피는 물보다 진한 것같이
세월이 겹겹이 흘러도
조국은 통일을 원한다고.

가시바다

큰 물독치고 표정 없이
철석거리며 소리치는 파도야
골라 먹어도 된다지만
어찌 내 아들 딸까지 골라 먹느냐
이 미친놈의 파도야
철썩거리지나 마라
네 소리가 꿈에 들을까 무섭다

몰려왔다 부숴놓고 가는 네 모습을 보면
내 마음이 갈기갈기 찢어진다.
이 정신나간 파도야
너는 다 알면서 왔다만 가는 것이 다냐.

이 미친놈의 파도야 난들 너보고 욕하지만
메어지는 이 가슴을 아느냐 모르느냐
너를 따라 내 아들딸 찾아 가보고 싶지만
이러지도 못하고 저러지도 못하고
아무리 불러보아도 내 가슴만 터질 뿐이다.

외로워서 괴로워서 고통스러워서
마음이 찢어질 것만 같아

눈앞이 보이지 않을 뿐이다.

이놈의 파도야 철썩거리지만 말고
가서 내 아들딸 만나거들랑
엄마 아빠가 어찌할 바를 모르고 있다고
너무 미안하다는 말이나 전해다오

사랑하는 아들아 사랑하는 딸아
어찌하누 여기까지만 사랑하라는 것으로 생각하마.
네가 놀다가 간 자리에 네 마음 심어 놓을게
너도 엄마 아빠 마음 용서해 다오
해가 뜨고 진 날이 여러 날이야
이제 너 기다리지 않을게
사망을 이기고 부활하신 이가 계신 곳
그곳은 참 영원한 곳이야.
후에 다시 만나자. 가시가 아파도 참을게

종 점

어지러운 세상,
명예와 권세와 환락이 뒤엉킨 세상의
도시들이여!

뻗으면 잡힐 것 같고 놓치면 죽을 것
같은 위기의 시대여.
이제

고요하라.

오직!
뱀 같은 지혜만이 하늘을 나르고,
비둘기 같은 순결함은 어디로 갔는가.
소란한 세상.
이제

잠잠하라.

별과 별 사이를 떠도는 유성들도
조물주의 권능 앞에 사라져간다.
갈 곳 없어 헤매는 영혼들만 가득 찬 도시.

떨어진 낙엽 벌레 먹은 흉한 자취.
해보다 밝은 얼굴 보려거들랑
어지러운 세상아.
이제 고요하라.

청량산

저럴 수가!
청량산 얼굴이
연두색으로 물들었다

흰무리 벚꽃 소담들이
가슴을 싸고돌고
물오른 잎들이 봉실 방실
장관이다.

청아한 하늘 아래
드리운 청량산

한 세월 맬 수 있을까.
사방을 둘러보아도
맬 만한 별자리가 너무 멀다.

예녀(藝女)

수명산 솔바람 3년
솟아오른 가슴
퍼진 히프
개미허리
쪽 뻗은 다리에
동그란 눈
솟아오른 코
야무진 입
쉴새없이 벌어지는
함박웃음
펴진 어깨
철렁거리는 머리 살
통통한 손등
미운 손가락의 댄싱
아직 세상을 모르는
때묻지 않은 순딩이
임을 부르는
수명산 솔바람에 들어나는
속치마 여며두고
철들어 찾아오는 임의 소리에
네 사랑이 터지게 하라.

세 월

세월이 바쁜가, 아니면 내가 바쁜가.
생각할 겨를 없어 세월을 세일 수 없었나!
….

세월은 여전히
배달부처럼 회갑을 물어 왔는데,
세월 뒷모습은 안 보인다.
….

화려한 세월
흐뭇한 세월
보람된 세월
내 눈앞에 주마등처럼 지나간다.

중매, 결혼, 잉태, 출산, 백일, 돌,
유아원, 어린이집, 유치원, 초등학교,
중학교, 고등학교, 대학교, 군대, 직장, 결혼,
다시 한 줄씩 낳아서 엄마로 아빠로 할머니로,
할아버지로 돌아와서 하는 말.

목사님! 벌써 환갑이에요!

누구 세월은 가고
누구 세월은 가지 않는 것처럼 말한다.
돌아보면
양지에 심긴 석류나무
참 보기 좋은 열매들이다.
….

세월은 연초록 잎을 진록색으로
조금 있으면 연분홍으로
빛을 발하다
오직 그리던 내 아버지 집으로
바람처럼 훨훨 날아가겠지.

한(恨)

서산에 지는 해야!
떨어지는 너처럼,
나 역시
살아온 길
두고 가기에는
아직 남은 짐이
너무 무거워.

조금 가면 되는 길,
이젠 너무 힘이 들어.

누가 와서 묻거들랑,
이 자리가
내가 쉬었다가 간 자리라고
말해줄 수 있겠니.

노래 불러라

아름다운 장관에
아름다운 소리
아름다운 가락
참 좋은 주인의 노래

기름진 솜씨로 심겨진 숲속에
해마다 옥토에 가뭄 있을까
샘 줄기를 열더니

후 하는 바람 콘텍이 지나는 대로
노래하며 훨훨 날아가는
회오리의 천둥소리에 천지가 진동한다
하늘을 가로 지르는 멋진 음률에
땅 아래 생명들이 요동한다.

조용히 뛰는 미생물을 작은 가슴까지
이 멋진 장관을 가르도록 노래불러라

서요셉

· 서울 출생
· 상명대학교 사범대학 프랑스어교육 졸업
· 신동신중 · 정보산업고등학교 교사
· 「하나로 선 사상과 문학」으로 등단

· **여는 글** 꿈을 심어주는 꿈쟁이

· 낙산사에서 · 벗에게 · 가을의 침묵 · 무릎
· 할로윈 · 젊은 시인의 시심 · 감염
· 풍경화 · 나는 오늘 걸어다니는 똥을 보았다 · 이실직고

여는 글

꿈을 심어주는 꿈쟁이

사람은 그 마음속에 정열이 불타고 있을 때가 가장 행복하다. 정열이 식으면 사람은 급속도로 퇴보하게 된다. 아직 그대 마음속에 정열이 불타고 있을 때, 더 높은 목표에 도전하라. 사람은 목적과 신념이 없이는 행복하게 될 수 없다. 사람은 그게 무엇이건 하나의 목표 아래 살아가고 있고, 또 그것이 옳다고 생각함으로써 행복을 느끼는 것이다. 그렇기 때문에 인생은 어떤 목표를 세우고 그 목표에 대해서 신념을 가지고 살아가는 것이 필요하다.

–에픽테토스

사람은 누구나 행복을 누릴 권리가 있다. 무엇을 했을 때, 어떤 상황과 조건에 있을 때 가장 행복할 것인가 그것은 사람마다 다르지만 각자가 바라는 이상, 꿈이 이루어졌을 때 큰 행복감을 느낄 수 있는 것이다.

나 역시 삶에 있어 그 순간 가장 행복한 일이 무엇인

가 고민하며 수많은 목표와 꿈, 희망을 계획하고 그것을 이루고자 부단히도 노력하고 열정을 다해 살아왔다. 꿈으로의 가는 길에서 포기할 것도 많고 인내해야 할 것도 많았지만 조금씩 그 목표와 가까워짐을 느낄 때의 행복, 그리고 도달했을 때의 그 쾌감과 정복감은 느껴 본 사람만이 알 수 있을 것이다.

나는 지금 행복하다. 시인이라는 꿈를 이루고, 시인이라는 꿈을 향해 아직도 나아가고 있기 때문이다. 하지만 교육 현장에서 많은 학생들을 바라볼 때 목적지 없이 걸어가는 안타까운 모습들을 보게 된다. 소소한 즐거움이야 느낄 수 있지만 궁극적인 행복은 느끼지 못하는 듯하다. 똑같은 길을 갈 필요는 없다. 행복의 가치와 기준은 다르기에 자신의 것을 찾으면 되는 것이다. 자신의 꿈을 찾지 못하는 학생들에게 그 꿈을 심어 주고 그것을 성취함으로서 행복해하는 모습을 보고 싶다. 그것이 나의 또 다른 꿈이다.

낙산사에서

쉬임 없는 파도는
밀고 당기기의 진수
때론 강하게
때론 부드럽게
바위와의 격한 만남 속에
금강이 속살을 드러내듯
절벽을 만들어 낸다

습기를 머금은 바람의 고향은 파도
암석굴로 날아든 파랑새의 어미는 바다
바다 위에 솟은 홍련의 뿌리는 노을

삶의 긴 여정의 피로는
석간수에 씻어 흘려보내며
홍련암에 엎드려
또 다른 세상을 꿈꾼다

벗에게

따스한 오후
그대여 눈을 감고 라일락 꽃 향기를 담은
바람의 향기를 맡아보라
입사귀는 쓰지만
향기만으로 좋지 아니한가

이미 주어진 것만으로도
외롭지 않을 텐데
탐을 버리고
우리 그냥 그렇게 살자

어차피 바람은 한곳으로 모이는 것
소박함을 좇아
향기를 품고 바람 부는 곳으로
우리 그냥 그렇게 살자

가을의 침묵

겨울의 길목에서
찾아온 따스한 햇살에
반가움으로 미소지으니
이내 바람이 시샘하듯
옷깃을 여밀게 한다.

바람에 흩날리는 낙엽은
머릿속에서 나뒹굴고
떨어지는 추억하나하나 밟고서
앞으로 나아가는 뒷모습에
온몸이 시리다

우리 함께 걷던 그 길 위에
수북히 쌓여있는 낙엽은
쪼개지고 찢어져 가루가되어 흙이 되겠지만
십자가 위에서의 처절한 외침 뒤의 침묵으로
말없이 그냥 그 길을 걸으리라.

무릎

세월이 주는 모진 풍파
철성 같은 모성애로
다 받아내시더니

이젠 한 발씩 계단 오르실 때마다
아픈 무릎 부여잡으시며
일그러지는 얼굴엔
걸음마다
고통의 크기만큼 주름이 깊어진다

이기욕으로 충일한
내 머리 내 몸둥어리 치장에
그 고통에 대한 망각이 죄스러
부끄럽게 사온 운동화에도
모든 고통 잊으신 듯
웃으시는 어머니

온몸 시린 계절
따뜻한 아랫목에서
무릎 지지며
밀감 까드리고 싶다

할로윈

빛을 쫓는 사람들이 있었다
난 그들에게 줄 빛을 생각하며
깊은 숲으로가 풀섶에서
영롱한 빛을 내는
반딧불이를 가져와
그들에게 주었다
그들이 있는 곳에서
반딧불이는 빛을 잃었고
난 다시 그 반딧불이를
풀섶에 놓아주자
빛을 내기 시작했다
그들은 불나방들이었다.

젊은 시인의 시심

세상이 양떼 몰이를 한다
새로운 힘을 가진 목자는 양들의 이탈을 허용하지 않는다
거부할 수 없는 모래시계 속 모래알
거슬러 올라가기엔 너무 작은 나
이리 휩쓸리고 저리 휩쓸리고
내 이미지는 없다
꼭 아름다울 필요는 없지만
끝이라는 마지막을 거부하며
몽당연필에 볼펜을 끼운다

감 염

하늘이 뿌옇다. 뿌연 공기 아래 세상은 먼지에 감염되어 마치 멈춰 있는 듯 고요하다. 가슴 깊이 파고드는 이 놈들은 나를 선채로 굳게 만들고 뇌까지 잠식해버렸다. 아무 생각 안난다. 눈동자는 이미 고정되어 한곳만 응시하고 얕은 숨소리만 들린다. 오히려 편안하다. 봄비가 나를 데려가려 하지만 난 완강히 거부하며 묵언의 숨소리로 이 곳을 붙잡고 있다

풍경화

한낮의 해는 가리어져
시커먼 하늘 높이 솟은
유리창으로 가득 찬 건물 두어 개 그리고

번쩍이는 유리에 놀라 비명에 횡사한
새 두어 마리의 핏자국 그리고

반듯하게 정비된 아스팔트 위
내장 드러내고 누워 있는 고양이 두어 마리 그리고

간밤에 누군가 게워낸 알코올에 절인
장 속 내용물을 먹고 비틀거리는 비둘기 두어 마리 그리고

거리엔 고개 숙여 스마트폰 보는 사람 두어 명 그려 넣습니다.

나는 오늘 걸어다니는 똥을 보았다

뉘똥인지
얼마나 독했으면
똥개도 지나쳐간 것을 핥고 있는 파리

냄새나는 욕정과 버려져야할 탐욕 속에
들끓는 구더기들

수많은 죽음을 통해
얻고자 했던 것은
고작 파리의 간식

참 풍요로운 세상이다
파리들에겐

이실직고

새가 될 수 없어 너를 사왔다. 너에게 쓴 돈이 아까워 날아갈까 새장에 가둬 버렸지. 그것도 모자라 너 모르는 사이 깃털을 자르고선 날지 못하게 했다. 시도 때도 없이 먹어대는 너의 모습이 미련하게 보였었고, 가끔 아침에 지저귀는 너의 소리가 지겹기도 했어. 그래서 새장에서 꺼내어 놀아준 건 널 괴롭히기 위함이었다.

이명희

· 건국대학교 본부대학 교양교육센터 교수
· 삼성경제연구소 SERI CEO 강의 역임
· 작가, 건국대학교 BK21 연구교수 역임
· 서울 국제여성영화제 기획실장

· **여는 글** 단상

· 소문 · 그사람 · 공범 · 오직 한 기지 · 여여如如
· 개 같은 가을 · 열심히 · 읽고 쓰다 · 번개 · 이정표

여는 글

단 상

가장 좋아하던 음유시인이자 독설가, 그리고 음악가들의 멘토였던 가수 신해철이 유명을 달리 했다. 살아있을 때 했던 그의 이런 저런 독설이 마음에 들지 않았지만 공인임에도 불구하고 자신의 생각을 소신 있게 말하던 모습은 이 시대의 동반자로서 자랑스러웠다. 그가 떠나고 나니, 어쩌면 그가 진정한 시인이 아니었던가 싶다. 해야 할 말을 하고, 그것을 노래로 남긴 그가 시인이 아니면 누가 시인이겠는가.

시인의 소명과 책임이 점점 무력해지는 시대다. 사랑과 낭만, 그리고 소소한 일상을 예사롭지 않게 바라보지 않는 것도 시인의 일이겠지만, 논쟁과 비켜서지 않는 담대함과 분쟁에 휘말려도 꿋꿋함을 지켜낼 수 있는 촌철살인의 혀를 지니는 것도 이 시대의 시인의 의무일 것이다. 아름다운 시인보다 가슴을 울려대는 시인이고 싶다. 동인들과 함께 걷는 이 길이 그 길로 안내해 주리라 믿는다.

소 문

매화가 피었다는 소문만 무성하고
꽃샘 추위 시샘에
마음만 서성댄다

밤마다 떨어질 꽃잎을 주으러 떠나는 여자는
인기척 없이 추억에 젖은 옷깃을 말린다
산수유 가지 꺾어
말린 옷깃에 끼워두고
여자는 무성한 소문으로
저벅저벅 걸어 들어가
매화를 닮은 사내 앞에서
산수유 잎을 따더니만
떨어진 향을 주워달란다

향내 묻은 노란 잎들이
떨어진 매화처럼 수줍게 누웠다
향 묻은 날개로
님의 옷에 날아다닌다던 나비처럼,
매화 같은 사내의 그림자
번쩍 황홀하다

떨어진 꽃잎을 주은 여자의 미소가
겸연쩍게
샛노랗게 하얗다.

그 사람

동공에 벙어리 한 사람
들어와 박혔다.
마냥 웃다 우는
그 사람이
굳은살이 박힌 나의 심장으로
걸어들어 왔다.

애초에 내 것인데
내 것 아닌 그가
마냥 내 것인 냥
한 치의 이물감 없이
가장 낮은 호흡으로
흘러내린다.

잃어버린 시간만큼
재빠른 속도로
아주 깊숙이
흘러 들어간다.

흘러 흘러
흘러 넘쳐
생을 채우고도
남을 만큼
흘러 흘러
들어온다.

어디에도 없던 그가
깊은 내 안에
멈춰. 서.
있다.

공 범

그대, 이 세상에 이 시를 아는
단 하나뿐인 그대
그대는
공범이다.

오직 한 가지

그래서
오직
한 가지만 잘 하자
정든 지구 떠날 때
돌이켜보면
단 한 가지라도
정성스레
마음 다해 마주하지 못함을
후회하지 않을까
뻔한 것들이 너무 많은데
왜 생각대로 살지 못할까

그러니
한 가지라도
한 사람이라도
정성스레
마음 다해 마주하고
처음 생각, 첫 마음으로
그대가
마주하는
단 한 사람이다

자초지종自初至終
내게서 시작해서
내게서 끝난다

여여如如

시 한 편 읽다
문득
가슴 쓸어내리고
눈시울이
붉어졌다
여여如如하다.

개 같은 가을

시인 최승자가
"개 같은 가을이 쳐들어왔다."
소리치는 바람에
그때부터 줄곧
(개 같은) 가을은
마파람에 게 눈 감추듯
사라졌다

말은 위대하다
낙엽은 떨이지는데
가을 앞에 개 같은 형용사는
떨어지지도 않고 딱 붙어
가을과 함께
쳐들어왔다
내 인생에 쳐 들어온
개 같은 가을.

열심히

열심히 산다는 건
열심히 사랑하는 일이다
라고 알고 있지만
열심히 밥벌이하느라
열심히 지쳐서
사랑하는 사람들에게
열심히 짜증내고
악다구니다
열심히
그대들을 위한 잔소리라고 믿고 있지만
잔소리란
귓등과 콧등 어디론가 흩어진다

열심히 감정이 부딪치다가
마음과 시간을 다한 일터에서 물러앉으면
열심히 주었던 상처 한 가득
마주한 사람들과 마주할 때 즈음

사람과 사랑은 한 끝 차인데
사람과 사랑이 함께 하기엔
사람도 사랑도 너무 먼 사이

육십은 늙기엔 너무 젊은 나이
젊지도 늙지도 않은
어정쩡한 육신과 마음으로
사람도 사랑도
온전히
끌어안을 수 있나.

읽고 쓰다

읽어라 너를, 써라 너를.
인간만이 읽고 쓴다

번개

별들이 쏟아져 내린
해인사 아스팔트 위
남자들과 여자들이
꽃잎을 게워낸다
나이와 직업은 묻지 않았다
지금 여기 나는 무얼 바라-
윤동주는 무당이다

여자와 남자의 대사가 그대로
『하늘과 바람과 별과 시』였다
남자 하나는 노래를 하고
남자 둘은 춤을 추고
여자 둘은
베시시 베시시
그날 밤
온통 별이고 꽃이다
수염을 기른 남자는, 다만
다음 세상에서 만나자고 한다
바람 소리에 게워 낸 꽃잎이
천지사방 흩어진다
해인사 부도 앞에

꽃잎처럼
먼지처럼

(왜 놈들은
이생에 만나
다음 생을 기약할까?)

"오늘 먹을 치킨을 내일로 미루지 말라."
가로숫길 문어치킨 구호가 비웃는다
꽃잎 같은 개소리,
번지 같은 개소리.

이정표

세상은 닮은 사람들끼리 살갗을 부비고 살아가는
전쟁터이다.
니편 내편을 가르는 사람끼리 축배를 들고,
무희들의 춤을 즐기고,
같은 빵과 와인으로 혀끝을 적시며,
같은 하늘 아래
하나가 될 수 있음에
감사하고 있다.

나는 알지 못한다.
천국으로 걸어가는 길을
그가
나지막히 언덕에서
내 작은 손을 잡고
이정표를 만들기 시작했다.
어디에도 천국은 보이지 않았다.

나는 그의 음성으로
천국을 말하는 걸
들은 적이 없다.
그는 천국 대신
작은 목각을 선물하였다.

자신의 심장을 향해 낸
작은 오솔길이
가야 할 이정표였다.
천국 대신
극락을 이야기하고
관음조와 천사의 트럼펫을 이야기하는
낙타의 목을 가진 나의 연인이
끊임없이 지껄이고 있다.

그가 변하고
나도 변하고 있다.
우리는 설령
이정표를 찾지 못해도
두려워하지 않으리라.
애초에 세상 밖에
이정표를 짓는 이들은
모진 풍파를 견디지 못하리라.
무엇을 위하여
우리는
이정표를 찾아 헤매는가.

이민욱

· 스타트리 대표, 한국 기독교문화예술 총연합회 예술감독,
· 뮤지컬 리틀맘 수정이, 드림헤어 연극 아이노우유, 숭례문 등
· 91,The fame award(USA) 2007, 국가 청소년 위원회 우수작품상
· 2009, 국립극장 젊은창극선정 2010, 한국문학세상 예술대상
· 2011, 「하나로 선 사상과 문학」 제1회 문학상 수상 외 다수

여는 글

시작 노트

매일 아침 밀가루를 주무르다 보니 이젠 반죽엔 도사가 됐다.

여러 가지 물감을 섞어서 대령을 하면, 우리 딸은 그것으로 갖가지 모양을 찍어내어 놀이를 시작한다.

가금씩 아이는 버리기 아까울 정도로 신기한 인형들을 만들어 낸다.

나는 그것들을 전자 렌즈에 1~2분 굽는다. 그러면 도자기처럼 단단해지는데 그런 밀가루 인형이 우리 집엔 가득하다. 그래서 나의 시詩의 시작은 '밀가루' 이다.

먼 훗날 아이가 커서 이 책을 도서관이나 어느 곳에서 본다면, 아빠와 함께했던 추억을 떠올릴 때, 시중에 클레이는 화공 약품 냄새가 나서 안 좋으니, 값도 싸고 양도 많은 밀가루로의 전환을 낸 아빠의 아이디어에 감동먹어 주기를....(그리고 아침마다 두 시간씩 놀아준 것도 기억해 줄 것)

그리고 내생에 가장 보람된 일 중 하나로 남을, 우리

어머니 80생신을 기념하는 시 '축하 감사패'를 발표할 장이 있다는 것은 내겐 큰 기쁨이다.

또 어느 날 갑자기 생사를 넘나들게 했던 사건이 일 년 사이에 벌어지고... 그때 들었던 그분의 음성을 지금 비로소 표현 할 수 있는 기회 주심도 감사하다.

(그때 이후로 나의 삶은 방향을 틀었다. 아니 이제 나의 삶은 더 이상 표류하지 않게 되었다) 높은 곳을 향하여 도전하는 제자를 위해 '소망의 나무'로 위로할 수 있어서 뿌듯하고….

무엇보다 귀한 시인님들과 사상과 문학에서 만나고 두 번째 내는 동인시집에 함께할 수 있음도 감사하다.

끝으로 이 글을 읽는 독자님들이 이 시집으로 인해 행복하시기를 기원한다.

축하 감사패 (우리 어머니 팔순 날에)

눈이 부시게 화창한 봄날
그날은 바로 우리 어머니 팔순이었다네
청바지에 흰 티셔츠를 맞춰 입은
직계 가족 서른두 명이 모여
맨 먼저 휴대폰 전원을 꺼서 한데 모아두고
어머니만 바라보자 맹세했다네

어머니를 둘러싸고 아들들이 찰칵,
딸들이 찰칵, 사위들이 찰칵, 며느리들이 찰칵
그렇게 반나절이 흘러도
팔남매 사진 찍기는 그칠 줄 몰랐다네

어머니께 바치는 노래 한 곡 만들고
어머니 사진 엮어서 영상을 만드니
우리 어머니 일생은 한 편의 드라마가 되었네

어떤 자식은 시를 쓰고, 어떤 자식은 춤을 추고,
색소폰을 연주하고, 그림을 그려오고
그 중에서도 두툼한 현금 봉투엔 기쁨을
감추지 못하시는 솔직하신 우리 어머니

아들 손자 며느리의 장기 자랑에 밤은 깊어가는데
지혜로우신 우리 어머니 각기 다른 내용으로
일일이 사랑 패를 내리시니 큰절로 받으면서
팔남매는 저마다 눈물을 흘리고야 말았다네

아들 셋이 나란히 단상에 올라서서
어머니를 호명할 때
고우신 우리 어머니 사뿐히 단상에 올라
축하 감사패 받으셨네
파도 같은 세월을 이겨내시고
건재함으로 팔순을 맞이하심을
크리스털 패에 새겨 드리니
우리 어머니 여주인공처럼 두 팔 번쩍 들어
크게 웃으시는데
그 모습이 또 어찌나 아름다우시던지
팔남매는 기립하여 박수치고 함성 지르고
영락없는 시상식장 분위기였다네

그렇게 이틀을 보낸
리무진 버스의 종착역은 남산 서울타워!
이 저녁을 마치면 창원으로 미국으로

다시 뿔뿔이 흩어져야 하지만
마지막 잔을 높이 들어 팔남매는
어머니 위한 건배를 목청껏 외쳤다네

세월아 너 바쁜 줄 알고 있다마는
우리 어머니 앞에서는 서둘지 말아다오
아니 깜박 잊고 비껴간들 누가 너를 원망하리
어머니 부디 오래 오래 사세요

아쉬운 어깨들을 맞대고 찍은 사진 속에서
팔남매는 뜨거운 감사를 한없이 삼키고 있었다네

밀가루

밀가루를 주물러서 물감을 섞는다
아이는 나무를 찍어내고 토끼를 찍어내고
별모양을 찍어 탁자 위를 채운다

아이의 콧노래에 따라
만들어져가는 아름다운 세상
드디어 남자와 여자를 찍어내고
흐뭇한 미소를 짓는다

아이는 밀가루 인형들과 소통을 시작 하고
밀가루 인형들은 아이가 말한 대로
자기들의 세상살이를 시작한다

가만히 보니 천지창조놀이가 아닌가
아이는 하나님 흉내를 내고 있는 것이다

밀가루 반죽을 해준 나는 한참을 서서
그 광경을 지켜보고 있었다

나를 빚으신 분의 손길을 느끼면서

소망의 나무

시막 한 가운데 서 있는 나무는
무엇을 꿈꾸는가

승냥이와 타조가 쓰러진 자리
앙상한 뼈 사이로 겨우 고개를 내민 건
여린 떡잎이었다

짐승의 포효咆哮는 바람으로 떠돌고
야욕野慾의 눈동자는 열기로 달구지만
그래도 나무는 무성한 날을 향하여
제 할 도리를 게을리하지 않는다

시간은 바람의 물결을 모래에 새기고
강물을 포기한 사막은 지쳐 잠들어도
나무는 푸른빛 노래를 멈추지 않았다

누구의 그림자가 보이지 않아도
누구의 목소리가 들리지 않아도
나무는 자기의 본분을 잊지 않고
시절을 좇아 꽃을 피우고 열매를 향해 간다

세찬 광풍에 찢기고
그 뿌리가 늙고 줄기가 썩어도
사막 한 가운데 서 있는 나무는
죽는 날까지 물 기운을 포기하지 않는다.

사막에 나무처럼 서 있는 그대여
땅속 어딘가에 감도는 물 기운을
결코 포기하지 말자
새로 심은 것처럼 무성해질 소망을
나무에게서 배우자 그대여

감사 찾기

감사를 찾는 데 며칠이 갔다
손에 잡히지 않는 감사를
그만 포기하려하는데
구수한 된장찌개 하나 놓고
여우랑 토끼랑 웃으며 먹는 밥
행복이 뭐 별건가 이런 게 행복이지
그 순간 숟가락 던지고 연필 잡는다

옳거니 이제야 알았네
감사는 누구의 소유가 아니란 것을
쌓아두는 것도 아니며
감추는 것도 아니란 것을

감사는 퍼내면 더 많이 고이고
닫아두면 점점 말라붙고
전달하면 더 멀리 가고
입 밖으로 내 보낼 때 더욱 빛이 나는 것을

감사는 따듯한 손길에 있고
사랑스런 눈동자 속에 있고
희생과 봉사로 빛을 발하며
마음이 뜨거워지는 용광로 같은 것

감사는
–축복의 통로
–응답의 지름길
–하늘에 쌓는 것
그래서 하나님이 제일 좋아하시는 것

감사를 잃으면 모든 것을 다 잃는 것
그러므로 호흡이 있을 때
부지런히 감사하며 사세

온전히 쓰려고 그런다

온몸에 털이란 털을 다 밀고
빨간 약을 연거푸 발라 말리니
영락없이 유월절 어린양 같은 모양새다

뜬 눈으로 날이 밝은 아침
정적을 깨고 드디어 움직이는 침대
눈물 괸 얼굴들이 숲처럼 스치는 복도를 지나
마치 심판대 앞 같은 수술실에 도착한다

의사들의 손길에 속도가 붙으면
속으로 주절거리던 시편을 입술을 열어 뱉어낸다
'너의 생명을 파멸에서 속량하시고
인자와 긍휼의 관을 씌우신다'
스르르 혼미해져가는 정신을 잡으며
주여 내 영혼을 부탁합니다

희귀한 심장수술 현장을
수많은 의사들이 지켜보며 학회에 보고 할
기록을 담겠다고 했다
생사화복은 오로지 하나님 손에
달려 있었다

그 시각, 그곳이 어딘지
흰 옷 입은 사람들에 둘러 쌓여
열띤 토론을 하고 있었다
성경에 관한 주제였다
그렇게 한숨 잔 것 같은데
만 하루가 지나서야 꿈에서 풀렸다

귀가 열렸다
살아있음이 느껴지는 순간
타는 목마름이 시작되고의사는 숨을 쉬지 않는다며
잠시의 망설임도 없이
드릴로 옆구리를 찌른다
찰라 적으로 십자가의 주님이 떠오르고
다시 정신 줄을 놓쳤다

고통의 시간이 흔들어 깨우고
다시 재우고를 반복하는 병상의 날들이 시작되고
잠에서 깨면 어느새 근심과 걱정이 먼저 미간에 몰렸다

그렇게 며칠이 지난 새벽
세상은 잠들고 나는 깨어 있었다

왜 이런 일이 나에게 닥쳤을까
내 불편한 숨소리가 신음을 타고 새어 나왔다
그 순간
"온전히 쓰려고 그런다."

그 음성은 귀로 들리지 않았다
생각으로 들리지도 않았다
그러나 난 분명히 들었다
아주 생생하게 들렸다

놀란 내 심장이, 내 마음이
즉각 반응을 하고 있었다
아니 내 발끝에서 대답을 하고 있었다
아하~ 그렇군요 아~ 그랬군요
마음속 원망들이, 끝이 없었던 질문들이
퍼즐처럼 맞춰 지고 있었다

기쁨은 강물처럼 몰려왔다
올무에서 해방된 것 같은 자유가 밀려들고
깊은 심호흡이 비로써 터져 나오고 있었다
뜨거운 눈물이 심장의 상처를 적셨다

주님은 그렇게 나에게 찾아오셨다
홀로 누워 있는 나의 병실에 그분은 그렇게
따듯한 소리로 다가오셨다

그분은 나에게 어떤 것도 강요하지 않았다
그분이 다녀간 나의 병실은
더 이상 고통과 근심이 머물지 못했다

나는 그분을 전하고 싶어
병실 복도를 향해 첫 걸음을 옮겼다

그 후 일 년...
가슴에 생명줄 같은 흔적,
옆구리엔 창 자국, 귀엔 쟁쟁히 살아 있는 그분의 음성

나는 오늘도
십자가 앞으로 한 발 더 가까이 산다
허락하심 없이는 아무것도 할 수 없는
나약한 존재라는 것을 알기에

바다의 노래

바다가 푸른 것은 갈매기가 살고 있기 때문이야
바다가 푸른 것은 상처받은 영혼들을 감싸안았기 때문이야
바다가 푸른 것은 그 안에서 생명이 숨을 쉬고 있기 때문이야
바다가 푸른 것은 착한 어부에게 기쁨을 주고 싶기 때문이야
바다가 푸른 것은 바람이 휘파람을 불어주기 때문이야

바다에서 해가 뜨고 바다에서 해가 진다

바다에 여객선이 다니는 것은 그리운 사람을 만나야하기 때문이야
바다에 물이 빠지는 것은 조개잡고 굴 따라는 것이야
바다에 물이 들어오는 것은 만선의 기쁨을 싣고 오라는 것이야

파도가 철썩인 것은 게으른 바다를 깨우기 위함이야.
파도가 출렁이는 것은 바다가 노래를 만들고 있기 때문이야
파도가 사나운 것은 계절이 바뀌고 있다는 말이야
파도가 거셀 때는 욕심 많은 사람들에게 충고를 하고 있기 때문이야
파도가 일렁이는 것은 육지가 그립기 때문이야
파도가 잠잠한 것은 하나님이 말씀을 주시려는 거야

바다는 하나님의 눈물이야 흐르고 흘러서
이세상의 목마른 영혼들이 자유를 누리게 하는 긍휼의 눈물

하늘과 바다가 하나인 것은 결국 세상은 하나라는 것이고
넓은 바다는 수만 년 전부터 사람들이 흘린 통회의 눈물이야

바다는 오래 전 누군가의 이야기를 들려주려고
바람에 실어 파도에 실어 갈매기에 실어
그리고 세월에 실어 출렁이고 있다

용서

다시 사랑할 수 있는 마음이
어떻게 생겼냐고 물어오면
예수님
예수님 때문이라고
나는 말하리

다시 일어설 수 있는 용기가
어떻게 생겼냐고 물어오면
예수님
예수님 때문이라고
나는 말하리

예수님 때문에 내가 변한 건
나의 죄 용서 받았다는 것
예수님 때문에 내가 변한 건
나도 용서할 수 있다는 것

초대

그는 오랫동안 문밖에 서 있었다

옹색한 내 삶속에 오신다고요?
나는 아직 당신을 맞이할 준비가 덜 되어 있는데요

상처뿐인 내 언어 속에 오신다고요?
나는 아직까지 누구에게 위로의 말 한마디 건네지 못 했는데요

내 방안에 들어오신다고요?
아직 청소도 안 되어 있고, 차 한 잔 대접할 여유도 없는데요

그래도, 그래도 꼭 오시겠다고요?

그러면…
(어차피 내 의지로 나를 바꿀 수 없다는 결론을 내림)

오셔서 내 삶을 변화시켜주세요
당신이라면 하실 수 있습니다

그날 이후로 그는 나를 변화시켰다

친구여 당신도 그를 초대해 보라
더 이상 망설이지 말고…

Change (체인지)

깊은 잠에서 깨어난 느낌 이었네
난 몹시 지쳤고
나의 영혼은 어둠에 갇혀 있었네

울다 지쳐 잠이 들면 또다시
슬픈 아침을 맞이하지만
그 누구도 나를 붙잡아 주진 못했네

어느 날 나는 온몸을 흔드는
그 무엇을 느꼈네
오래전에 내 기억 속에 있던
당신의 이름이 떠올랐네

아주 미세한 음성 같기도 하고
한줄기 빛과 같았네

내가 당신의 이름을 불렀을 때
무엇인가 강한 힘과 밝은 빛이
예전에 내가아닌 다른 모습으로
나를 변화시켰네

Change, change oh my life
Oh~ change, change oh my life
나의 인생은 다시 시작 되어졌네

Touch me I want to save you
Oh~ Lord I' ll sing your song
당신의 사랑의 힘으로 난 다시
일어나 서리라 oh~ (ye)

불륜

비행기가 멈췄다

한잔의 음료수에 두 개의 빨대
달콤한 주스를 빠는 여자는 가끔씩 남자에게 권한다
남자는 그저 빨아 삼키는 시늉만 할 뿐 시계만 자꾸 본다
여자는 남자의 그런 모습도 놓칠세라 경이롭게 바라본다
남자에게 매달려 있는 여자는 대열의 움직임이 원망스러운 듯
쳐진 엉덩이를 길게 빼고 있다

드디어 게이트의 문이 열리는 순간
여자는 화들짝 팔장을 풀었다
남자는 걸었던 속도를 유지 한 채 문 밖으로 걸어 나가고
그대로 서 있는 여자를 사람들이 스치고 간다
총총히 어둠 속으로 사라진 남자는 끝내 뒤를 돌아보지 않았다
여자는 그제 서야 들고 있던 음료수를 쓰레기통에 던져버린다

왜 남의 일에 신경을 쓰지
공항을 빠져나오며 나는 실없이 웃었다

순간 여자는 빨간 스포츠카 앞으로 다가갔다
아까보다 더 젊어 보이는 사내가 차에서 내려 여자와 포옹한다
여자의 빨간 손톱이 사내의 등에서 번쩍인다

오호라 말세다
깊은 데서 연기처럼 뱉어지는 내 한숨

이주후

· 협성신학대학원 졸업
· 「하나로 선 사상과 문학」 등단
· 「하나로 선 사상과 문학」 운영이사
· 인천여자신학교 이사
· 연수구 기독교 연합회 회장

· **여는 글** 쌀 한톨은 농부의 88번의 수고의 열매다

· 영혼의 거울 · 의의 빛이되리 · 흔들리지 않는 안식
· 너의 마음에 내 마음이 쪼개져 있는 것이 보이는구나
· 아내의 밥상 · 결혼의 추억 · 씨앗 · 휴식 · 안다 · 조약돌

여는 글

쌀 한톨은 농부의 88번의 수고의 열매다

한강수로를 6m 파는데 김포군, 고촌면, 계양면, 계산읍, 부평동 사람들이 김포 연사제에서부터 백마장 입구까지 사방공사를 하는데 1일 품값이 밀가루 한 포대였다. 예전 공사는 오래 걸린다. 중장비가 없어서 사람의 손과 삽 지게 그리고 구루마로 모두 작업을 했기 때문이다. 김포 평야를 끼고 농사를 짓는 농민들은 모두 구슬땀을 흘려 열심히 일을 해서 준공식 하는 날 군수와 모든 유지와 군민과 관계자들의 축제가 되었다. 왜냐 하면 밭으로 경작할 때는 보리와 밀을 수확했던 땅이 이제 한강물을 수용하고부터 쌀이 생산되니 경작하기도 쉽고 수입도 좋아지니 일거양득이 아닌가? 첫 농사를 짓는 모든 농민이 기대와 소망이 부풀어 있다. 어떤 장정도 한 달 반 모내기를 하면 코피를 쏟고 피곤해서 밥을 못 먹는다. 그렇게 해서 모를 논에다 심어 놓으면 모가 시집보내 주었다고 방긋 웃는다. 일주일 되면 흙냄새를 맡고 뿌리를 내리면 벼 포기가 예쁘게 새끼를 친다. 그때 주인은 모를 가지고 다니면서 빈 자리와 죽은 모를 바꾸어 심어 준다. 그 후 한 달되면 풀이 나오는데 그 때 또 품앗이로 호미를 가지고 고랑의 난 풀을 호미로 땅을 넙적하게 파서 엎어 놓는다. 그 후 20일이 되면 또 다시 엎었던 흙덩이에 풀을 낳기 때문에 다시 엎어 놓으면 풀이 죽는다. 그리고 20일 지나서 바닥에 있는 풀을 뜯으면서 호미로 팠던 흙을 뭉게 놓는다. 그리고 7월 장마가 오고 8월 초순이 되면 벼가 1m 50cm 내지 2m 30cm까지 자라게 되어 풀은 나오지 못하고 이삭이 이곳 저곳에서 들고 나와 결국은 황금 물결의 가을을 맞이하게 된다. 농부는 기쁜 마음으로 벼를 베고 마차로 운반하여 집근처에 산더미 같은 볏짚가리를 쌓아 놓는다. 탈곡을 해서 모두들 떡을 하는데 찹쌀시루떡과 무시루떡을 해서 온 동네 서로가 앞다투어 돌려서 먹는 풍습이 있다. 그리고 탈곡한 벼는 가마로 묶어 방앗간에 쌓아 놓는다. 2월달 퇴비를 내면서부터 추수하여 밥을 지어서 먹을 때까지 농부의 손길 88번 수고의 땀을 흘리게 된다.

영혼의 거울

길이 수정 물 같구나
비문에 후회치 않으리
님은 갔으나 만인 가슴에
향기도 숨시고 있구나

있음을 무소유같이 살고
앎은 끝까지 배우는 것

삶의 기한은 나눔과
섬김을 가치로 둔 삶
하늘의 소리에 순종하고
늘 영혼을 닦는 순례자

의의 빛이되리

그대의 희망을 붙돋아 주는
바람이 되어
멀리
높이
날 수 있게 하리

그대의 마음에 정착된
진리의 맥박이고 싶어
늘 스스로 있는자에게 간청을 한다.
그대의 삶이 영원히 지치지 않는
사랑의 동력이 되어
의의 빛이 되리

흔들리지 않는 안식

휘황찬란한 달아
세찬 바람에 흔들릴 것 같더니
너는 견고하구나

구름에 밀려 갈 줄 알았는데
인내로 견디고
구름 파도가 밀어 내려고 해도
제자리에 있구나
네 빛이 시골집 우물 안에도 있고
대청마루 거울 안에도 있고
내님 눈동자에 있고
님의 눈부처 달빛에서 안식을 찾는다.

너의 마음에 내 마음이 쪼개져 있는 것이 보이는구나

나의 사랑이여 그대는 소망의 동산에서 뛰놀 때 꽃향을 묻혀 흔드는 암노루 같구나. 살며시 걷는 너의 다리는 백향목 나무 같은 자태가 매력으로 도취되게 만드는 구나

나의 사랑 그대가 수줍은 듯이 산비탈을 두리번 거릴 때는 네 눈은 햇살의 강력하게 비춰진 은색 보석이었다. 내 사랑 어여쁜 그대는 골짜기 위 백합의 순결함같이 밝은 영혼을 가졌구나. 내 사랑 어여쁜 자가 나의 동산에 있는 샘물을 먹을 때는 한 폭의 그림이였다. 나의 사랑 그대가 해 맑은 미소를 지으면 푸른 초장에서 만족해 하는 흰 양떼 같구나.

황금 노을빛을 바라보며 희망의 처소를 찾는 너의 마음에 내 마음이 쪼개져 있는 것이 보이는 구나
내 사랑 그대의 마음과 나의 함께하는 마음이 영원히 연합되어 천년만년 깊은 강물 속 물결같이 흐르리라

아내의 밥상

아내가 말없이 밥상을 차린다.
내가 좋아하는 반찬들을
골고루 갖추어서 차린다.
그릇에 가득 담긴 것은
나를 사랑하는 아내의 마음이다.

하나님 감사합니다. 기도하고,
밥그릇을 두 손으로 감싸면, 아내의
따뜻한 체온이 은혜로 전해오고,

색색의 반찬을 오래오래 씹으면서
아내의 매콤한 손맛, 달콤한 입맛,
그리고 향긋한 사랑의 맛.
나는 아내의 사랑에 취해
영혼의 양식을 포식한다.

아내의 밥상은
육신과 영혼의 양식을 함께 차린
감사와 사랑의 밥상이다.

결혼의 추억

님의 첫 만남은
하늘에서 내려온 천사
내 마음은 매력에 얻어버렸다오.

지혜로운 말은 옥구슬 같았고
아름다운 움직임은 호수의 백조같이
우아한 한 폭의 영상 같았고

님이여 내 힘과 용기로
당신의 활력소와 안식처
그리고 쉼터를 만들고 싶소.

님을 영원히 행복한 공주로
모시며 동행하게 해 주십시오.
예, 부족하지만 함께 같은 곳을 갑시다.

씨앗

동토는 봄비로 녹고
땅속을 살리는 생기

차디찬 흙을 부수고
비관자 못난 돌 출교

엉겅퀴와 죽은 뿌리
퇴출 시킨다.

옥토의 떨어진 씨앗
절망의 감옥의 고통

내 전부 썩어 없어져 버렸다.
새싹이 슬며시 머리를 드네.

푸른 잎 떨구고 작은 열매 매달림
험한 세파 다 견디니
큰 열매로 영광이 되네.

휴식

동토가 녹고 푸른 새싹의 소망
봄 빛에 흐르는 시냇물에
한 발 담근 버들 강아지도
모습이 싱그럽다.

동면에 깊은 휴식을 취했던
곰들 가족도 심장이 박동하며
기지개를 편다.

아빠 곰은 뒤뚱 뒤뚱
엄마 곰은 흐느적흐느적
아기 곰은 쫄랑쫄랑
굴에서 나온다.

나와서 두리번 두리번
산을 보고 눈을 비비고
냇물에 물을 들이킨다.
햇볕에 몸을 담근다.

안다

바람이 보이지 않으나
사물이 흔들리는 것을 보아
바람이 있음을 안다.

죽은 검은색 나무가
연두 새싹을 돋으니
살아 숨쉬는 식물임을 안다.

무언의 밥상을 차리는 아내
내 좋은 반찬 있는 것 보아
날 사랑 하는 걸 안다.

먹구름이 흰구름을 덮고
소낙비를 엄청나게 뿌려도
구름위에 햇볕 있는 것을 보니
해가 있음을 안다.

인생이 파란 만장해
지척이 분별못할 캄캄한 터널 같지만
내 양심이 하나님을 찾는 것 보니
창조주가 있음을 안다.

조약돌

하늘님 주신 보배
큰 호수 맑은 눈망울
백옥 같은 뽀얀 살

힘 주어서 뒤집어
후둘 후둘 일어나서
어설피 중심을 잡고

한 발 한 발 뒤뚱 뒤뚱
걷다 넘어지고
일어서다 넘어진다.

두 손으로 땅을 짚고
두 발로 일어서서
한 발 한 발 발을 옮긴다.

조운파

· 시인(게한나의 불꽃 외)
· 작곡가(칠갑산, 날개, 달빛(가곡), 빈잔, 옥경이, 아내에게 바치는 노래 외)
· 「하나로 선 사상과 문학」 작가회장
· 뮤직파트너 소리그림 대표

여는 글

가족 사랑 노래

노래에는 다양한 소재가 있습니다. 사람의 감정이 환경이나 형편, 상황에 따라 다양하게 나타나고 반응하기 때문입니다.

문학이나 예술이 그렇듯이 노래도 그러한 감성의 갈피들을 음률과 리듬으로 나타냅니다. 사랑과 이별, 희망과 좌절, 기쁨과 눈물, 푸념과 넋두리 등 인생이 겪는 모든 삶의 다양한 과정과 감성에서 노래는 시작됩니다.

이번에는 사랑의 테마로 '가족 사랑'에 관한 노래 시들을 모아보았습니다. 고단한 삶 속에서 가족이 서로 한 소절 따뜻한 정이 담긴 노래로 서로의 마음을 열고 알아주며 보듬어주고 쓰다듬어 줄 수 있다면 좋겠습니다.

사랑의 이야기

가수 김태정

한 남자와 한 여자가 있었답니다.
두 사람은 서로 사랑했더랍니다.
개울가 언덕 위에 예쁜 집 짓고
사슴처럼 새처럼 살았답니다.
음~~~

새 아침도 둘이서~
어둔 밤도 둘이서~

기쁨도 괴로움도 둘이 둘이서
사슴처럼 새처럼 살았답니다.
음~~~

날이 가고 달이 가고 해가 바뀌고
두 사람은 엄마아빠 되었답니다.
꽃처럼 고운아가 웃는 얼굴에
해보다 더 밝은 꿈 키웠답니다.
음~~~

비바람도 둘이서~
두려움도 둘이서 ~

믿음과 사랑으로 하나가 되어
해보다 더 뜨겁게 살았답니다.
음~~~

결혼의 노래

가수 테터 박인수

그대 인생이 나의 것이듯
내 인생도 그대 것입니다

기쁠 때나 괴로울 때에도
우린 항상 함께합니다

이제 우리는
거친 파도를 향하여
작은 배로 나아가지만

믿음과 사랑으로
서로를 지키겠습니다.

우린 서로 거울이 되고
우린 서로 그림자 되어

슬플 때나 두려울 때마다
우린 서로 위로자가 될 겁니다.

서투른 세상길이지만
어여쁜 꽃 한 송이 피우듯이

희생과 소망의 빛으로
우리 사랑 지켜 내겠습니다.

어려울 땐 함께 기도하고
즐거울 땐 서로 감사하며

우리 그렇게
아름다이 살겠습니다.

바람부는 세상

가수 성민호

아이야
인생을 알려거든
무심히 흘러가는 강을 보라

사랑이
무어냐고 철없이 묻지 말고
피어난 한 떨기 꽃을 보라

저~~ 떠오르는
아침 해와도 같은 아이야

저~~
바람 부는 세상을
니가 어찌 알까

슬프고 가난한
사람들 만나거든

아이야
니 가슴 열어주렴

사는 동안

가수 엄성미

당신을 만나서
지금까지 사는 동안

때로는 눈물로
때로는 웃음으로

때로는 끌어안고
때로는 돌아눕고
애틋한 정으로 살았네

미워하며 살기엔
너무나도 짧은 인생,

사랑하며 살아도
시리고 아픈 날들,

천둥 같은 님을 품고

님인 양,
벗인 양.
살리라.

거울 앞에서

가수 윤여인

한나절
거울 앞에 멍 하니 앉아
내 얼굴을 보네

그 누구의 아내도 엄마도 아닌
한 여인이 웃고 있네

죽도록 사랑한 건 아니었지만
좋아서 만났고

풀꽃 같은 꿈들을 가슴에 묻고
무명녀로 살았지

늦은 밤 더디 오는 당신을
잠잠히 기다리며

곤히 잠든 아이들 숨결에도
마음 조이며.....

창밖에 바람소리
계절 지나가는 소리

잊은 듯 모두 다 잊은 듯
나 그렇게 살았는데

불현듯
접었던 꿈들이 되 살아나고
부질없는 생각에 눈을 감으니

무심코
손에 잡힌 가족 사진 속에서

사랑하는 당신과 아이들이
나를 보고 웃고 있네

아내의 생일

가수 송대관

어느 날
무심코 달력을 보니

지나버린 날짜에
동그라미 쳐 있네

불현듯 생각나는
아내의 생일..

아뿔사 이번에도
그냥 지나갔구나~

미안해~ 미안해~
정말 미안해~

허둥지둥 살다보니
깜박 했다오~

오늘일랑 밖에 나가
전화를 해야지~

여보~
뭐 먹고 싶은 거 없느냐고~

나 아닌
다른 사람 만났더라도

얼마든지 좋은 아내
되었을 사람

어질고 착한 심성
고르게 펴서

한 가정을 넉넉히
지켜갈 사람

사랑 해~ 사랑 해~
정말 사랑 해~

나 하나만 믿고 사는
당신을 사랑 해~

오늘이랑 밖에 나가
전화를 해야지~

여보~
뭐 갖고 싶은 거
없느냐고~

사는 날까지

가수 김부자

사는 날까지 사는 날까지
이 한 목숨 다할 때까지
믿어 주리오~ 참아 주리오~
변치 않은 마음 주리오.

사는 날까지 사는 날까지
고된 숨결 거둘 때까지
괴로울 때나 즐거울 때나
한결같은 마음 주겠소

그대 눈물 닦아 주며 함께 울겠소~
그대 기쁨 내 것인 양 춤을 추겠소.
허물 많고 탈도 많은 세상살이에
길동무가 되어 주겠소.
사는 날까지~사는 날까지~
사는 날까지~

여보

가수 미정

부르면,
달려오는 벗이 되고

기대면,
가슴 주는 님 되는 사람

내 눈물
닦아주며 함께 울고

내 기쁨
제 것인 양 춤추는 사람

늘
내 곁에 있는 그이를

나는…,

여보! 라고 부르네.♡

어머니

가수 최진희

마음 하나 편할 때는
가끔씩은 잊었다가

괴롭고 서러울 때
생각나는 어머니~

젖 줄 떠나 자란 키는
당신보다 크지만

아직도 내 마음은
그 팔베개 그립습니다.

지난 여름 정든 고향
개울가에서

어머님을 등에 업고
징검다리 건널 때

너무나도 가벼워서
서러웠던 내 마음~

아직도 나는 나는
잊을 수가 없습니다.

기도하는 어머니

가수 조영남

새들이 때가 되면
둥지를 떠나듯이

세상의 자식들은
제 갈 길만 바쁘고

자식을 생각하며
기도하는 어머니

깊은 밤 잠 못 드는
그 마음을 모르네

아~
두 번 살아 갚아도
다 갚지 못할 은혜

나누고 퍼내어도
다시 고이는 사랑이여

눈으로 재어 봐도
한 뼘밖에 안 되련만

어머니 그 가슴은
바다보다 깊어라

어머니 어머니~
우리 어머니

이 세상 누구보다
당신을 사랑해요~

최병극

· 장신대 신대원 및 계명대 사대 및 교육대학원 졸업
· 밀양남부교회 등 목회, 남부고둥공민학교장, 경남성서신학 밀양분교장 역임
· 대전신대, 영남신대 및 부산장신대(전임교수 및 교무처장 역임)
· 한남대, 침신대 출강(강사 역임), 미국 킹 데이비드대학교(분교) 및 기타 신학교 출강
· 「하나로선 사상과 문학」 신인상으로 시부분 등단 및 작가회(현 고문)

· **여는 글** 새의 깃털을 읽어 본 독후감

· 숨기놀이 · 곤충의 일자리 · 비상계단(非常階段)
· 사람들의 잠자리 · 푸른 하늘 2 · 별들의 노래 · 가득 가득
· 갈증 · 좌파가 꾸는 꿈 · 엄마

여는 글

새의 깃털을 읽어 본 독후감

"공중 나는 새를 보라!"

새는 높이 올라가기에 체온이 높다. 더는 궁금하지 않을 생을 살아갈 것 같이만 보인다. 새는 자기들끼리 만나고 헤어진다. 낭패당하지 않으려면 날개 관리 잘 해야 한다. 날개를 추스르는 모습이 보여진다. 측은하게 보여지는 경우가 있다.

새의 깃털을 줍는다. 깃털이 난처한 때를 만드는 경우가 있다. 불시착! 비행 실수! 가까스로! 새의 떨어트린 깃털에는 새가 즐기던 명소들이 빠짐없이 적혀 있을 거다.

이제 그 깃털에서 독후감을 쓰련다. 눈부시다. 넘어갈 수 없다. 날 저물 때 있은 노을도 있다. 산골짝에 옹달샘도 보인다. 내일 부를 노래도 있다.

새는 자신의 먼 미래는 예측키는 어렵게만 여긴다. 하지만, 남이 내던진 미래를 모아온다. 들짐승의 남겨 놓은 노래를 묻혀온다. 그 중에는 빛이 바랜 것도 있다. 이런 저런 소식 옆구리에 끼고 지나기에 힘들었을 거다. 새들이 세상을 객관적으로 보았을까 궁금해진다.

끔찍한 것, 평범한 것 골고루 보았다. 반짝이는 것, 흐릿한 것, 밝은 것, 어두운 것, 뜨거운 것, 차가운 것 정도는 경험했을 거다. 노래는 익혀놓았어도 울음은 아예 배우질 안 했다. 그런데도 부르는 노래마다 운다고들 한다. 새는 바람을 피하기도 하고 타기도 한다. 새의 노래는 바람의 리듬을 많이 탄다. 계절마다 똑같은 리듬으로 인정받아 놓은 형편! 그 중에도 새는 그늘을 즐겨 찾는다. 가끔 빨랫줄이 새의 노래 무대로 제공된다. 초원도, 곡식밭도, 호수 위로도 후회 없이 날아다녔다.

해가 저물어갈 때 즈음에는 물가를 찾아 자맥질을 친다. 저녁거리가 떨어져서 일거다. 위기 관리를 위해서 머리에 새겨둔 것 있을 거다. 새매나 독수리를 알아볼 정도, 위험할 때 꼬리까지 감추어 본 경험이며 사냥꾼을 의식할 정도….

그 전에는 방향과 먹을 것만 알고 다른 기억은 없이 지나 왔다. 새에는 책임(責任)이란 없다. 침묵 순간 욕망 변화의 경험은 있었을 거야! 새에게도 반짝이던 시간은 다 가고 기억이 말라갈 때가 있다는 것쯤은 알아두었으면 한다. 철따라 하는 털갈이로만 보아선 안 된다.

새들에게도 국회에 올릴 안이 있단다.

'철새들에게는 보호구역'이 설정되어 있는데, '토박이는 푸대접'이란다. 삶에 익숙해진 것 때문으로만 돌리는 것 같다. 깃털에서 읽은 것 중에는 '새도 깃들일 집이 있다는 것'도 알아내었다.

숨기놀이

창문으로 들어 온 얇은 햇살이
먼저 알아차리고 웃고 있다.
인생은 이 놀이 하다가 간다.
모르는 척 해야 하나
헛기침이 오간다.
어릴 때부터 즐겨하는 놀이다.
꼭꼭 숨어라!
이름이 숨는다.
머리카락 보일라!
햇살을 눕힌다.
그림자와 논다.
웃음을 숨긴다.
몇 분을 숨긴다.
고요를 만든다.
미궁과는 가깝다.
어둠이 숨는다.
구부러진 그림자에 몸을 눕혀본다.
돌아오는 길 잊을까?
계절은 숨바꼭질이다.
인생은 한 평생
숨바꼭질하다가 간다.
숨는다. 숨긴다. 아무도 모르게!

곤충의 일자리

거미가 거미줄을 치고 사는 것
하나만 익히고 살아간다.
이유가 무엇일까?
거미는 다가 오는 것에만
독을 찔러 주는 일이 전부다.
사는 방식도 가지가지다.
기다림으로만
웅크린 자세를 하고는
모르는 척,
들키고 싶지 않는 것처럼
기습작전만 익혀두었다.
거미는 혀 밑의 맹독 하나로
쾌감 즐긴다.
밝은 때도 어두운 때도
가리지 않는다.
거미에게는 살아가는 방법 중
하나가 아니라, 전부다.
그래서 떠나지 못해
그 자리 지키는 것처럼 보인다.

비상계단(非常階段)

바람이 비상계단도 알고 있다.
그것만이 아니다.
허공을 움켜잡고 있다.
바람이 지층에서 벽에 기댄다.
비틀거리는 묘술 연출하려나 봐!
아슬아슬한 걸음 보려고
기어이 고요를 죄다 비틀고 만다.
이용자의 어지러운 것 고려 않고서
현기증을 향해 계단을 오르내린다.
바람은 경사면에서는 팽팽해진다.
흑백 천조각 마저 펄럭거리게 한다.
계단에서 살아지며 끝내지 않는다.
구름을 가위질해서 물을 쏟는다.
숲을 밟고 달려오는 소나기엔
바람 빠져나가기 까지는
무거운 시간 견디기 힘들게 한다.
이 바람이 가을이 오면
녹색을 뒤집어 안팎을 바꿔 꿰맨다.
가을만 되면 조각난 것만 구른다.
비상시에 쓸 비상계단 관리 잘하자구나!

사람들의 잠자리

이목구비(耳目口鼻)는 같은데도
이불이 가난을 말해준 때가 있었다.
한숨이 간신히 잠들 무렵
덮은 이불이 뒤척인 시간만큼 휘감긴다.
외로운 사람의 이불은 덮는 정도가 다르다.
옛날의 이불은 매 맞은 아이가 뒤집어쓰곤 했다.
이불 속에는 혼잣말이 쏟아지는 곳이다.
부리를 가슴에 묻고 밤을 견디는 새 마냥!

푸른 하늘 2

푸른 하늘에 흘러가는 저 구름아!
달빛 별빛만 그 곳에 있는 거냐?
하늘이 방긋이 웃는다.
푸른 하늘에 구름이 흘러간다.
정처없는 것으로만 보지 말라!
산, 들, 바다가
방랑자의 이미지가 아니다.
자유인의 노래가 그 안에 고여 있은 거야!
달빛 별빛만 거기에 있은 것 아니었어!
겨레의 희망이 그 안에서 싹이 트고 있었단다.

별들의 노래

별들의 말, 구름만 없으면 좋겠단다.
별빛만 보이는 새까만 밤이면 좋겠단다.
꾸준히 냇물만 흐르면 좋겠단다.
길 잃은 나그네 안내 할래요!
냇물의 물고기 좀 사귈래요!
물속의 슬픔을 죄다 찾아주죠!
별들의 반짝임 새겨줄래요!
산새도 구경하러 날아들 거요!
솔바람 새소리 휘감길 거야!
모두모두 별들 부러워 쳐다볼 거야!

가득 가득

천천히 와는 무관하면 좋겠다.
만족과는 좀 다른 개념이 끼어들지 안 했으면 좋겠다.
볼품없어서 그냥 하는 말 아니기를!
엎질러진 생이 되어 탓하는 말도 아니었으면!
헐뜯겨 본 자의 공간이 생겨서 하는 말도 물론 아니기를!
남이 대신 살아 줄 생을 찾는 미련도 아니고,
단지! 오뚝이 인생을 살아온 자의 말이다.
누가 뭐라 해도 꿈도 방향이 있어
꿈길이 있다는 것 알고 있어서다.
그래서 들을 수 있는 말로, 괜찮습니다.
낯선데서 시작해도 됩니다.
이런 말이 따라 나오면 좋겠지요!
신기한 것과도 다르기에 누구에게나
권하고픈 일이기에 알립니다.
햇살 웃음도 담을 수 있을 거고?
설렌다는 것과는 친해질 거요!
꼭 욕심과는 거리를 두어야 해요!
갈망과는 깊은 관계 맺어야지!
머릿속에 맴돌던 것으로만 되면?
더 바랄 나위 없죠!
도시화 산업화는 공해 오염 기형화만 시키고요!
까무라치게만 만드네요!
부러운 시선을 모으며 살고 싶은데 어디서 하면 될까요?

갈증

한 컵의 냉수로는 부족하다.
쪽문새로 세상 보는 것 같다.
아쉬움으로 한숨쉬는 것 아니게!
서글픔으로 눈물 보이지 않게!
외로움으로 지치지 않게 해야만!
성숙 과정으로 보아줄 겁니다.
어떤 이에게서 배웠는지는 몰라도
이별에 익숙하고 헤어짐에 초연하고
떠나보냄에 미련 두지 않는다는 데서 오는 것과
부와 권력에 탐욕스럽게 갈증을 가지면 안 되죠!
손가락질당해 본 자의 갈증이?
무관심하게 등을 돌린 자 생겼을 때
아낌없는 동정이 반찬이 되는 수 있으나,
지금 이 순간이 소중하다는 것 안 잊어!
밀어 쳐도 얽히고설킨 사건들을 겪으며 지나왔다만,
맺힌 사연, 서글픔으로, 애달픔으로 돌려받아야 할
원한만 쌓여진다는 것 명심해야 해!
웃음소리에 묻은 풍경이 녹아내린다.
시간과 공간에서 묻은 숨쉬는 소리가 난다.
시선이 머무는 곳이 있다.
그 누군가에 뜨거운 햇살에 그늘이 되어 주고 싶다.
허기진 배가 끌어 당기는 식욕에 군침 만으로는 참을 수 없다

좌파가 꾸는 꿈

그냥 두어서는 안 될 적화 야망의 앞잡이들!
세월호 사건에 열을 올리던 만큼
북의 인권이며 자유 억압에 신경 쓰시지!
생명보다 더 소중한 것 없는데?
남침으로 인해,
억지로 끌려간 병역 의무로 전사된 자들을 생각하며?
하염없이 눈물을 흘려 본 일이 있나요?
이념? 사상을 달리하던 자로 인해
남침한 자들의 최근의 망언을 두고
천막 치고 데모할 용의 없는지 있는지 묻고 싶네요?
빌려준 돈 기한 지났다며
북에 가서 천막치고 돈 내놓으라고 데모라도 해 보시지 예!
숱한 젊은이들이 억울한 시대만나 총칼 들고 싸우다가 죽었다.
한 서린 몸부림이 모인 곳을 좀 자주 찾아 가세요!
거기가 통곡이 귓가에 맴도는 곳이요!
조국 지키느라 생을 다한 이들이 모여 있는 곳에서
하늘하늘 하늘거리는 실오라기 만한 햇살이라도 받아
자유 대한의 영토의 절반을
죄다 찾아 보려고 힘써보는 게 어떨까 하네요?
이것이 비단 나만의 꿈은 아니겠지예?
소일거리로 살아가는 방식도 가지가지네요.

어처구니없다는 걸 알고도 국록을 받아 챙기면서도
안간힘 쓰는 게 달라서 문제랍니다.
잘못된 것 알고도 그러는 것 아니죠?
대한민국이 싫고 북이 그렇게 좋으면
보따리며, 시장 가방에 가득가득 채워서
탈남해서 꼬리를 북으로 돌리는 게 어때요?

엄마

눈감으면 가까워지는 엄마!
큰 산, 높은 산. 투명한 공기가
어머니의 것!
우리 사형제에게 우주를 열어 보이시고 가셨네!
바람도 숨을 죽이고 엄마의 호흡을 느낍니다.
일제(日帝) 때, 보릿고개 때,
꿀밤묵 메밀묵 잊을 수 없습니다.
바르고 순탄한 길만 걸어가셨다.
한평생을 끝까지 하시던 찬송가,
기도까지 녹음해 두시고 가셨다.
목소리 낼 입 굳게 다물었으나,
큰 고함으로 나를 부르시고 계시는 것같아!
눈은 감았으나 강한 시선(視線)은 내게 보내신다.
디딜방아!!!! 떡방아!!!!!!
공부하다가 집에만 가면 떡방아 준비하신다.
밥 먹으면 그게 그겐 데라며 말려도
자식 사랑 떡사랑으로 하셨다.
내 모습에서 그 때의 어머니 모습 그려낼 수 있을까 한다.
허기진 내 모습 어머니만 발견해!
현실이 눈에 비치기 때문이었나 봐!

배고픔 잊게 해 주셨다.
시름을 잊게 해 주셨다.
죽음의 두려움을 잊게 기도하며 찬송 부르며 지내셨다.
양심에 부끄러움 없이 사셨다.
어머니를 생각하니 뿌듯한 오늘 하루 해가 짧습니다.
정성이 녹아나는 밥그릇이 빠짐이 없었습니다.
온 집안이 장질부사로 열나고 아플 때도
어머니만은 예외로 특혜받을 만 했습니다.
어머니! 미리 가신 아버지보고, 미리 간 며느리보고,
미리 간 손자보고 계시겠지요?

최성대

· 恩U 최성대, 현 월문교회 목사, 총신학대학교와 합동신학대학원대학교 졸업
· 미국 달라스신학교와 리폼드신학교 수학
· 웨스트민스터신학대학원대학교 졸업(구약신학).
· 대한신학대학원대학교와 안양대학교신학대학원 겸임과 외래교수(현)
· 「하나로선 사상과 문학」 시인등단; 용아 박용철시인 기념 사업회 회원(현)

여는 글

거저 값진 사계 · 한 주간의 일곱 계절

① 봄/ 노력하지 않아도 거저 구애하는 봄이지만 한 알의 씨를 뿌리는 노력은 우리의 값진 몫이다. 여름/ 힘쓰지 않아도 저절로 사랑하는 여름이지만 김매는 땀방울의 수고는 우리 눈물의 역할이다.

② 가을/ 애쓰지 않아도 자연스럽게 결실하는 가을이지만 때 맞춤형의 추수는 우리의 비싼 책임이다. 겨울/ 찾고 구하고 두드리지 않아도 무위로 별거하는 겨울이지만 동장군 얼음 밑으로 물 흘러가듯 깊은 '숨'의 수면은 우리의 숭고한 '쉼' rest이다. 숨쉬는 한 소망은 있다. 그러나 최종 책임자는 나와 너, 우리와 저희가 아니라 흰 구름, 물과 큰 바위 되신 위대한 큰 님이시다. 고운님께 항상 무릎 꿇어 회개 감사 찬양과 영광을 돌릴 뿐이다.

① 주일 겨울/ 나목과 나력의 잔향과 매서운 북풍의 바람결과 함께 새봄의 남풍을 기다리는 뿌리 깊은 영혼의 사랑이다.

② 월요일 초봄/ 아지랑이 같은 새싹이 솟아나는 순진무구의 사랑이다.

③ 화요일 봄/ 진달래와 개나리의 얼굴로 활짝 웃음 짓는 평화로운 사랑이다.

④ 수요일 초여름/ 만주의 쑹화강松花江의 사랑과 숙근초-야생화의 사랑이다.

⑤ 목요일 한여름/ 소낙비와 급물살의 장마 같은 시련의 사랑이다.

⑥ 금요일 가을/ 노랗게 빛나는 은행잎과 붉은 단풍 그릇에 담긴 계란사과 주고받는 사랑이다.

⑦ 토요일 늦가을/ 말없이 떨어지는 자기 비움의 온유하고 겸손한 사랑이다. 하루가 천년, 천년이 하루, 어제가 오늘이고, 내일이 오늘이고, 오늘은 장래를 향한 영원한 하루이다. 날마다의 밤잠은 십자가에서 죽는 연습이고, 날마다의 기상은 부활의 새아침이다.

우리 몸 성전의 문지방에서 신망애의 숨결이 스며 나온다. 항복인은 '쉼'의 활력으로 범사에 감사한다. 침몰하는 세월호가 아니라 구원의 방주가 되는 세월호 타고 소원의 항구에 도착하는 천년왕국들의 복음의 새사람으로 끝까지 잘살게 하소서!

하나로 흘러간다

북대천과 남대천
학포리鶴浦理에서
하나로 만나 흐르고

북한강과 남한강
두물머리에서
하나로 만나 흐르고

임진강과 한강
강화도江華島에서
하나로 만나 흐르고

황해黃海와 동해
남해南海에서
하나로 만나 흐르고

땅과 하늘은
삼층천에서 하나로 만나
생명수의 강으로 흐르고

하늘강 좌우에
생명나무가 있어
열두 가지 실과 맺히고
그 잎사귀들 만국을 소성蘇醒케 한다

눈꽃과 가지맛

장수 지나 운봉산
아리랑 고개 99재 넘어
사촌 푸른 논길 따라
가족과 함께 들욕
오래전 방죽의 추억
차량 없는 자연 그대로
심장과 폐활량 새롭게 하는
산수 공기 너무 좋아요

뜰 안 무성한 잎에
곱게 예쁘게 열린 콩들
콩깍지 안 모양
알알이 줄지어
눈웃음 짓는 흰 눈꽃들
눈꽃과 가지eggapple
맛보는 아침 식사
고운님께 감사합니다!

낚시

초의식의 짧은 긴 낚싯대
의식의 바늘에 미끼 달고
무의식의 깊은 물꽃에
부드럽고 힘차게 던지고
고요한 밤 거룩한 밤
지날 때마다
나-너, 우리-저희
알게 모르게

생명 향기 그늘
생각의 빛 너울에서
평균 파장으로 활동하는
특별한 일반 고기들을
행운으로 낚고
고기 입 열어 한 세겔 얻으니
한반도의 남북 둘 하나되는
생명 속전의 은총이로다!

저 하늘에도 슬픈 기쁨

과적과 평형수 부족으로
진도 앞바다 세월호
참척慘慽－상명喪明
어찌 그리 허망하고 아픈지요

알찬 쪼개진 껍데기
밤알맹이의 맛
어찌 그리 좋은지요

가을찬 서리 내린
풀의 마음
흉중의 멋
어찌 그리 슬픈지요

흉중의 성찬 기운 타고
한가윗날 둥글고 밝고
푸른 하늘 흰 구름의 미소
어찌 그리 여유로운지요

깊은 심산 계곡
힘찬 서리frost 내린
머루와 다래의 단 맛
어찌 그리 활기찬 희락인지요

시가 있는 아침결

푸르고 해맑은 하늘결
두텁고 엷은 흰 구름결
매실나무에 싱그럽게
달린 열매결
은행나무 가지에
피어난 녹색결

보이지 않는 바람의 춤결
아치형 인동초 덩굴이
손내미는 연붉은 꽃결
숨은 마음결과 한 마음
어찌 보기 심히
좋은 성결한 눈결인지요

자유 없는 자유

식물은 어디서나
꽃 피우고
소금은 어디서나
자유로운 짠맛 내고

시냇물은 어디서나
낮은 곳으로 흐르고
하늘의 흰 구름은
어디서나 자유롭게 떠 있고

숲은 어디서나
푸르게 연합하고
새들은 어디서나
자유롭게 왕래하고

유럽의 국경선
자유롭게 통과하듯
아시아 국경선과
남과 북은 언제면
자유롭게 넘나들 수 있나

생명의 흔적

할미니 할아버지
아빠 엄마
고사리 같은 손녀 손자
들깨 밭에서 함께 일하고
도리깨질 받는 들깨들

공기 진동을 통해
생명의 고소한 냄새
코에 전달하여
깨가 쏟아지는
꽃향기 피우니
하나의 꽃-코로구나

묘적산 계곡
울창한 숲에
스며 나오는
피톤치드 넘치는 향기
폐활량과 마찰할 때
곱빼기 기쁨 나오고

충청도 어느 산골에서
배달되는 햅쌀
햇볕에 말리는
대추 밤 도토리
고추와 고추 이파리들
풍성한 생명의 행렬

식물의 들깨들
인공의 불빛으로
잠자리에 들어가지 못하고
불면증 앓았는지
들깨 열매 세 말밖에
거두지 못했지만
생명 흔적의 기쁨으로
감사하고 만족한다

나도 모르는 연마

지연돌 채석 긁고
순원형 찾아
지상 예술 추구하는
마석루rockscraper

하늘 긁고
궁창 긁어
천상 예술 추구하는
마천루skyscraper

자연 나무
햇볕과 바람에 말리고
다듬고 고르게
소리 울림 나는
마목 악기摩木樂器

궁극의 마음 끝
보이지 않는 손으로
부드럽게 연마하시니
그림자 없는 무영루

불립문자
이신전심의 질그릇
님의 손길로 점등하니
마성루摩聖樓 성체로구나!

황혼의 종소리

흘러가는 시간의 물소리
두물머리에서 하나로 만나
소리 없는 소리로 흘러가고
500년 은행나무
강과 강 하나로 포옹하는
묵언의 한강을
벙그레 내려다보고

은은한 범종 소리
사계의 바람결 타고
운길 예봉 갑산을
부드럽게 돌아보고

푸른 믿음의 나무
훈민길음訓民吉音
노랑 소망의 나무
훈민정음訓民正音
빨강 사랑의 나무
훈민복음訓民福音

황혼에 울려 퍼지는
하얀 자유의 종소리에
오래 묵은 녹슨 영혼이
긴 졸음에서 깨어나
신망애로 퍼져간다

(독일 로덴베르크 저녁 종소리와 함께 울려 퍼진다).

동방의 나라

백두산 신천지
동쪽의 두만강으로
서쪽 압록강으로
에벨 두 아들
벨렉 후손 시날 평지에서
바벨탑 쌓고 분열하고
욕단Joktan은 스발로 가는 길
동편קדם, 산으로

동방으로부터 박사들
그 별 따라 그 별을 보고
황금 유향 몰약 드리기 전
아기께 엎드려 경배하네
동방으로부터 박사들
서방과 하나로 만나는
동방The East에 해 뜨는 극동

아리랑 아리랑
님과 함께 어디든지
강 건너 산 넘고
장애물 넘어 아리수 아리수
님의 물 따라 흘러흘러

믿음의 배 타고
본향의 근원까지
올라 올라가세

신라 27대 선덕 여왕
첨성대에서
우러러 바라보는 깊은 밤하늘
높은 하늘 별들의 잔치
큰 별 대성
큰 빛 대광 따라
기뻐하고 즐거워하세
하늘의 큰 아기께 엎드려 경배하고

동방으로부터 박사들처럼
환국桓國-배달-고조선
북부여-고구려-대진국(발해)
통일신라-고려-조선
대한제국-대한민국-신한국
마늘 먹고 쑥떡 먹고
백의민족 흰옷 입고
사랑 지혜와 창조의 힘을 다해
하늘에 계신 고운님께
천제를 드리세

해 설

하나님과의 대화로서 노래와 시

–사상과 문학, 동인 2집의 시세계

1. 들어가는 말

사람이 침팬지와는 98.7%, 고릴라와는 97.7%, 오랑우탄과는 96.4%의 유전자가 같다고 한다. 그렇다면 1.3%, 2.3%, 3.6%의 차이 때문에 원숭이가 아닌 사람이 된 것이다. 1.3%가 다르기 때문에 98.7%가 같아도 침팬지는 사람이 아니다. 이 1.3%가 사람과 침팬지 사이의 건널 수 없는 강이다. 이 1.3%가, 왜 사람인가에 대한 답이기도 하다. 왜 사람인가. 1.3%의 신비(神秘)는 무엇인가. 신비(神秘)란 "눈에 보이지는 않으나 반드시 있다"는 뜻이다. 1.3%는 98.7%에 비하면 무시해도 될 것 같다. 그러나 그럴 수 없는 것이, 이 1.3%가 침팬지에게는 영원히 건널 수 없는 강이기 때문이다. 침팬지는 사람이 하는 짓을 98.7%까지 흉내 내면서도 말만은 따라하지 못 한다. 그렇다면 침팬지가 영원히 건널 수 없는 강은 바로 말씀의 강이다. 왜 사람인가에 대한 답이 이제 명백해졌다. 왜 사람인가. 말씀 때문이다. 그렇다. 사람에게만 주어진 1.3%가 바로 말씀의 인자(因子), 곧 유전자이다. 말씀의 유전자는 신(神)의 유전자이다. 이를 가리켜 성경에서는 〈하나님의 형상〉이라고 했다.

사람은 신의 유전자, 곧 하나님의 유전자를 받았기 때문에 〈하나님의 형상〉 곧 하나님을 닮은 것이다. 그렇다. "눈에 보이지는 않으나 반드시 계신 하나님"이, "반드시 계시다"는 것을 보여주시기 위해 말씀으로 천지를 창조하셨듯이, 하나님의 유전자를 받은 사람도 "인간의 존재"를 보여주기 위해 말씀으로 시를 창작한다. 누가 뭐라 해도 이런 정신으로 모인 "하나로 선 사상과 문학"의 동인들이 두 번째 동인지를 만든다. 하나님이 창조하신 천지는 자연의 사물(事物)이며, 자연의 사물은 하나님의 작품이다. 모든 작품에는 지은이의 뜻이 숨어 있다. 하나님의 작품인 자연의 사물에는 하나님의 뜻이 숨어 있다. 이 숨은 뜻을 찾아 읽는 것이 시인이다. 그러니까 시인은 사물을 통해 하나님과 대화하는 사람이며, 시는 하나님과의 대화이다. 그러면 이제부터 우리 동인들의 〈하나님과의 대화〉를 엿들어보기로 하자.

2. 동인들의 시세계

곽명선 시인은 〈가분수〉 외 9편의 작품을 보여주었다. 〈가분수〉는 수학의 용어인데, 머리가 유난히 큰 사람을 비유하는 말이기도 하다. 수학의 숫자는 실체가 없는 관념적 기호다. 처음엔 이런 제목으로 어떻게 시가 될 수 있을까 했다. 그런데 읽어보니, 유난히 큰 백합꽃송이를 비유한 말이다. 백합꽃은 자연의 사물, 곧 하나님의 작품이다. 〈가분수〉 4연의 "진한 향기 내품으며 만개하니 / 굽어진 허리 휘영청 / 지지대에 기대어 몰아쉬는 숨소리"에서 보듯, 곽 시인은 백합의 "몰아쉬는 숨소리"를 듣는다. 시인은, 다른 사람은 못 듣는 소리를 들을 수 있어야 한다. 나만이 들은 소리를 말로 그린 것이 청각적 이미지이다. 곽 시인은 〈가을의 문턱에서〉 "한낮의 햇볕이 뜨겁게 타오르면 / 들녘의 알곡들 살찌는 소리"까지 듣는다. 그런가 하면 〈가시넝쿨〉에서 "거침없이 어우러져 가는 / 지치지 않는 자유자"의 모습을 본다. 남은 못 보는 것을 나만이 보고 그리는 것이 시각적 이미지이다. 시인은 또 "내 것도 남의 것도 / 찾아온 기회 부여안고 / 넓은 세계 열어가며 / 달려가는 하얀 세상"의 모습도 〈가시넝쿨〉에서 본다. 보기만 하는 것이 아니라, 〈가시넝쿨〉의 이미지에서 "복잡한 사회구조 / 갈 길을 붙드는 제도에서 / 꽉 막힌 공간 안에 / 가쁜 숨을 몰아쉰다"에서 보듯 사회적 현상을 유추해 낸다.

이상에서 본 바와 같이 곽명선 시인은 사물의 속성을 이미지로 형상화한다. 20세기 이후의 모더니즘은 이미지즘에서 시작된다. 사물시를 추구하는 이미지즘의 대 원칙은 뼈다귀와 같이 메마르고 단단한(dry-hardness) 시이다. 곽명선의 작품이 메마르고 단단한 시는 아니다. 오히려 인생에 대한 따뜻한 감성이 스며 있다. 그래서 애정이 느껴지는 시세계이다.

반인홍시인은 〈조국〉을 비롯해 10편의 작품을 보여주고 있다. 〈조국〉은 그 제목에서 알 수 있듯이 사회적 관념의 시이다. 관념시는 메마르고 단단한 사물적 이미지보다는 비유적 이미지로 형상화해야 한다. 〈조국〉보다도 더 관념적인 제목이 〈세월〉이란 제목이다. 〈세월(歲月)〉은 우리말로 '해와 달'이다. 해와 달은 사물이다. 그러나 이 두 개의 사물을 합성해 놓으면 '시간'이란 관념어가 된다. '시간'이란 말은 왜 관념어일까. 눈에 보이는 사물이 아니기 때문이다. 시간은 "눈에 보이지는 않지만 반드시 있는 신비"이다. 이 신비한 시간의 특성은 '흐르다'이다. 그래서 "유수와 같이 흐르는 세월"이라는 직유법을 모르는 사람이 없다. 누구나 아는 비유는 시가 될 수 없다. 그래서 반인홍 시인은 "세월이 바쁜가, 아니면 내가 바쁜가"에서 보듯, 세월을 의인화한 다음, "세월은 여전히 / 배달부처럼 회갑을 물어왔는데 / 세월 뒷모습은 안 보인다"라는 아름다운 비유적 이미지를 구사한다. 그렇다. 세월이란 관념어는 아무리 의인화해도 그 뒷모습은 보이지 않는다. 우리는 세월을 "과거, 현재, 미래"로 구분하지만, 과거는 가버려서 없고, 미래는 오지 않아서 없다고 한다. 있는 것은 오직 현재뿐인데, 과거는 현재의 추억으로만 있고, 미래는 현재의 희망으로만 있다. 그래서 반인홍은 "오직 그리던 내 아버지 집으로 / 바람처럼 훨훨 날아가겠지"라고 시를 마무리한다. 목사 시인의 시간관이다. 역시 "글은 곧 그 사람이다"라는 말이 절실하게 다가온다.

동인 중에 서요셉 시인이 가장 젊은 시인이다. 그래서 〈젊은 시인의 시심〉을 비롯한 10편의 작품을 보여주었다. 10편의 작품이 모두 〈젊은 시인의 시심〉을 형상화한 것들이다. 그는 "거부할 수 없는 모래시계 속 모래알 / 거슬러 올라가기엔 너무 작은 나 / 이리 휩쓸리고 저리 휩쓸고 / 내 이미지는 없다"라고, 〈젊은 시인의 시심〉을 형상화해 보여준다. 세계는 제도와 이념으로 기계화되었다. 나만의 마음인 '젊은 시심'이 '모래시계 속 모래알'이 되었다. 그러면 '젊은 시심'의 본질은 무엇일까. 본질을 상징하는 것은 "고향, 어미, 뿌리"이다. 서요셉은 〈낙산사에서〉 "습기를 머금은 바람의 고향은 파도 / 암석굴로 날아든 파랑새의 어미는 바다 / 바다 위에 솟은 홍련의 뿌리는 노을"이라고 한다. 서요셉 시인은 '젊은 시심'을 '습기를 머금은 바람'과 '암석굴로 날아든 파랑새' 그리고 '바다 위에 솟은 홍련'으로 은유하고, 그 본질을 "파도, 바다, 노을"이라고 한다. 파도의 생동, 바다의 자유, 노을의 이상과 꿈, 이것이 '젊은 시심'의 이미지이며, 본질이다. 그래서 "모래시계 속 모래알"이 되었지만, "끝이라는 마지막을 거부하며 / 몽당연필에 볼펜을 끼운다"라고 절규한다. '몽당연필'은 꿈을 기록하는 연필이지만 '볼펜'은 기계화된 필기구다. 그래도 끼워야 한다. 시의 창작을 멈출 수는 없으니까. 이런 '젊은 시심'에게 우리 시의 앞날을 기대할 수밖에 없을 것 같다.

이명희 시인은 〈소문〉 외 9편을 보여주고 있다. 10편의 작품 중에서 〈공범〉과 〈여여〉 그리고 〈읽고 쓰다〉는 짧은 시이다. 〈공범〉은, "그대, 이 세상에 이 시를 아는

/ 단 하나뿐인 그대 / 그대는 / 공범이다"가 전문이다. 4행으로 행을 구분했지만, 3,4행을 2행에 붙이면 2행시가 된다. 〈여여〉도 3행을 2행에 붙이면 2행시다. 그리고 〈읽고 쓰다〉는 "읽어라 너를, 써라 너를, / 인간만이 읽고 쓴다" 의 2행시다. 왜 인간인가. 1.3%의 신의 유전자로 인한 〈읽고 쓰다〉 때문이다. 무엇을 〈읽고 쓰다〉인가. 〈공범〉과 〈여여〉에 의하면 〈읽고 쓰다〉의 목적어는 시임에 틀림없다. 그러니까 시는 곧 너이며, 그대이며, 인간이다. 1.3%의 유전자로 인해 원숭이들을 저쪽 강가에 남겨두고, 말씀의 강을 건너 인간에 상륙한 공범들이다. 이 공범들이 바로 시인들이다. 이명희는 '단상' 이란 시작노트에서 얼마 전에 세상을 떠난 가수 신해철에 대해, "해야 할 말을 하고, 그것을 노래로 남긴 그가 시인이 아니면 누가 시인이겠는가."라고 했다. 그리고 "논쟁과 비켜서지 않는 담대함과 분쟁에 휘말려도 꿋꿋함을 지켜낼 수 있는 촌철살인의 혀를 지니는 것도 이 시대의 시인의 의무일 것이다."라고 했다. 그렇다. 시인은 구약의 선지자나 신약의 예수와 같이 예언자의 책무도 감당할 수 있는 공범이 되어야 할 것이다.

이민욱은 특별한 체험을 통해 거듭난 시인이다. 그는 극작, 감독과 연출 등 너무 크고 많은 일들을 하느라고 눈코 뜰 새 없이 바쁜 사람이었다. 이렇게 바쁘던 그가, "희귀한 심장수술 현장을 / 수많은 의사들이 지켜보며 학회에 보고할 / 기록을 담겠다고 했다"에서 보듯, 희귀한 심장수술을 했다. 그는 "그 시각, 그곳이 어딘지 /

흰 옷 입은 사람들에 둘러 싸여 / 열띤 토론을 하고 있었다 / 성경에 관한 주제였다 / 그렇게 한숨 잔 것 같은데 / 만 하루가 지나서야 꿈에서 풀렸다"와 같이 종교적 체험이 시작되었다. 자고 깨고 하는 혼미의 시간이 계속되다가, "그렇게 며칠이 지난 새벽 / 세상은 잠들고 나는 깨어 있었다"에서 보듯, 하나님과 단독으로 만나는 "그 순간 / 〈온전히 쓰려고 그런다〉"라는 음성을 들었다. 그래서 시인으로 거듭난 것이다. 시는 하나님과의 대화이다. 다른 사람은 못 듣는 소리를 나만이 들을 때 시인은 탄생하는 것이다. 그래서 시인에겐 예언자의 사명이 주어진다. 여기서 예언은 미래의 일을 미리 말한다는 예언(豫言)이기보다 하나님의 말씀을 받아 전한다는 뜻의 예언(預言)이다. 그런 의미에서 이민욱은 이제 하나님께서 온전히 쓰시는 시인이 될 것이다.

이주후 시인의 시를 읽으면서, 나는 로마서 12장 1절의 '너희 몸을 하나님이 기뻐하시는 거룩한 산 제사로 드리라'라는 말씀이 생각났다. '산 제사'는 어떤 제사일까. 삶 자체, 곧 사는 모습 자체를 하나님께 보여드리는 것이라고 생각한다. 시는 하나님과의 대화이며, 하나님께 내 삶의 모습을 보여드리는 '산 제사'이다. 인간의 삶은 곧 인간관계이며, 인간관계의 시작은 부부관계이다. 이주후 시인은 〈결혼의 추억〉에서, "님의 첫 만남은 / 하늘에서 내려온 천사 / 내 마음은 매력에 얼어붙었다오"로 시작한다. 그리고 "님을 영원히 행복한 공주로 / 모시며 동행하게 해 주시오 / 예, 부족하지만 함께 같은 곳을 갑시다"라고 마무리 한다. 이렇게 출발한 그의 삶의 모습이 〈아내의 밥상〉에서 그대로 보여진다. 아내가 차려준 밥상을 "아내가 말없이 밥상을 차린다 / 내가 좋아하는 반찬들을 / 골고루 갖추어서 차린다 / 그릇에 가득 담긴 것은 / 나를 사랑하는 아내의 마음이다"로 시작해서 "아내의 밥상은 육신과 영혼의 양식을 함께 차린 / 감사와 사랑의 밥상이다."로 마무리한다. 이렇게 아름다운 삶의 모습이 하나님께 드리는 '산 제사'가 아니겠는가. 이주후는 목사이면서 시인이기 때문이다.

조운파 시인은 '노래 시'라고 했다. "노래를 위한 시"라는 뜻일 것이다. 처음엔 노래와 시가 하나였다. 노래가 곧 시이고, 시가 곧 노래였다. 그래서 한자어인 시(詩)에 맞는 우리말이 없다. 우리말에 '노래'가 있었기 때문이다. '노래'는 '놀'이란 명사에 '애'란 접미사가 붙어서 된 말이다. '놀이'란 말의 '놀'도 같은 말이다. '놀'은 고구려의 말로 '신(神)'이란 뜻이다. 삼국유사에는 "노래와 놀이"를 모두 신유(神遊)라고 했다. 인간 속에 내재한 신성(神性), 곧 하나님의 형상 인위적인 뜻(意味) 속에 갇히면 죄가 된다. 이 갇혀있던 신이 죄의 허물을 벗고 살아나오는 것이 노래이며, 놀이이며, 신유(神遊)이다. 뜻 속에 갇힌 말을 '음률과 리듬'으로 살려내는 것이 노래다. 인간의 생명이 곧 신이며, 말씀이다. 이 신(神)이 날 때 노래와 춤이 피어난다. 이러한 상태를 흥(興)이라고 한다. 세상의 허물을 벗고,

심령이 가난해질 때 하나님과의 대화가 시작된다. 그러면 천국이 그들의 것이 된다. 이 세상에서의 천국은 가족의 사랑에서 시작된다. 조운파의 '노래 시'를 되풀이해 읊조리다 보니, 나 같은 음치도 음률과 리듬이 살아나서 영혼이 춤을 추는 감동을 맛보았다. 그래서 아내를 불러 "사랑해!"하며, 껴안았다. '노래 시'야말로 하나님과 어울려 춤을 추는 '놀이'이다. 말씀이 곧 하나님이며, 말씀의 춤이 곧 노래이다. 그래서 공자도 흥어시(興於詩)라고 했다. 시와 노래에서 영혼이 춤을 춘다는 뜻일 것이다.

최성대 시인은 "거저 값진 사계, 한 주간의 일곱 계절"이란 제목의 시작노트를 썼다. '거저 값진 사계'란 무엇일까. 하나님이 창조하신 천지에서, 천(天)은 공간(空間)이고, 지(地)는 시간(時間)이다. 하늘인 공간은 천체를 두기 위해 창조하셨고, 땅에만 있는 시간은 사람을 위해 창조하셨다. 시간은 곧 인간의 생명이다. 그래서 "거저 값진 사계"인 것이다. 시적 이미지를 '말로 그린 그림'이라고 정의하고, 시의 창작을 '시간의 얼굴 그리기'라고 정의한다. 시간의 얼굴을 어떻게 그리는가. 시간의 단위를 사계로 나누면 "봄, 여름, 가을, 겨울"이고, 하루로 나누면 "새벽, 아침, 낮, 저녁, 밤" 등이다. 봄의 이미지는 봄의 얼굴이며, 겨울 이미지는 겨울의 얼굴이다. 아침의 이미지는 아침의 얼굴이고, 밤의 이미지는 밤의 얼굴이다. 최성대 시인은 〈시가 있는 아침결〉에서, "푸르고 해맑은 하늘결 / 두텁고 엷은 흰 구름결 /

매실나무에 싱그럽게 / 달린 열매결 / 은행나무 가지에 / 피어난 녹색결"과 같이 아침의 얼굴을 그려서 보여주고 있다. 시간은 곧 생명이다. 시간이 쉬지 않고 흐르듯이, 생명도 쉬지 않고 흐르는 물결처럼 피어난다는 이미지로, 아침의 얼굴을 그린 것이다.

최병극 시인의 "새의 깃털을 읽어 본 독후감"이란 시작노트는 그의 시보다 더 시다운 글이다. 그는 "이제 그 깃털에서 독후감을 쓰련다. 눈부시다. 넘어갈 수 없다. 날 저물 때 있은 노을도 있다. 산골짝에 옹달샘도 보인다. 내일 부를 노래도 있다." 라고, 〈새의 깃털을 읽어 본 독후감〉을 썼다. 새는 날개를 가진 동물이다. 날개는 도대체 무엇일까. 하늘을 향한 그리움의 상징이다. 날개를 가진 것들은 한사코 하늘을 향해 날아오르지만, 하늘에 이르지 못하고 반드시 추락한다. 그래서 날개를 가진 것들은 하늘을 향한 그리움을 노래한다. 새들도 노래하고, 날개가 있는 곤충들도 노래를 한다. 영어권에서는 "새가 노래한다."고 하지만, 한자권에서는 "새도 울고 귀뚜라미도 운다."고 한다. 새가 입으로 내는 소리를 상형한 글자가 울 명(鳴)자이다. 인간에겐 상상의 날개가 있다. 이 상상의 날개가 바로 말씀 곧 언어이다. 하나님과의 대화가 곧 말씀이며, 신통이다. 상상의 날개인 언어로 앞으로 날아가는 것이 시이며, 노래이다. 시간의 흐름과 함께 앞으로만 가야 한다. 좌우 두 날개 어느 쪽으로든 치우치면 추락한다. 어느 한 쪽으로 치우치면 예술이 아니라 이념이다. 최 시인의 〈좌파가 꾸는 꿈〉 같은 작품은 시의 품위를 이념의 넋두리로 추락시킨 예다. "새의 깃털을 읽어 본 독후감"이 아니다.

3. 나오는 말

이 땅 위에는 식물, 동물, 인간이란 세 가지 생물(生物)이 있다. 생물의 생명도 "눈에 보이지는 않으나 반드시 있는" 신비(神秘)이다. 생명은 흙에서 나서 자란다는 뜻의 날 생(生)자와, 입으로 소리를 낸다는 뜻의 목숨 명(命) 자로 구성되어 있다. 식물도 흙에서 나와 자라기 때문에 생(生)의 강까지는 함께 건넜고, 동물들은 입이 있어 소리를 내기 때문에 명(命)의 강까지 사람과 함께 건넜다. 그러니까 식물은 생(生)의 강을 건너 생물(生物)나라까지는 함께 왔지만, 입으로 소리를 내는 명(命)의 강을 건너지 못해 동물나라에 이르지는 못한 것이다.

사람은 분명히 동물이다. 그러나 침팬지가 건널 수 없는 1.3%의 강을 건너 사람나라에 던져졌다. 사람나라에 던져지기까지는, 다시 말해 사람이 되기까지에는, "보이지는 않으나 반드시 있는" 신비에 의해 이뤄진 것이다. 인간이 스스로 온 것이 아니라, 어떤 신비에 의해 던져졌기 때문이다. 이 신비(神秘)를 동양에서는 자연(自然)이라 하고, 기독교에서는 하나님의 섭리(攝理)라고 한다. 어쨌든 사람이란 동물이 1.3%의 강을 건넘으로써 인간(人間)이란 이름을 얻었으며, "말을 쓰는 동물"이 되었다는 것이다. “말을 쓰는 동물”이란 곧 “생각하는 동물”이란 의미이다. 상상해 보라. 호랑이가 생각할 수 있고, 코끼리가 말을 할 수 있었다면, 인간이 이들을 다스릴 수 있었을까. 그렇다. 1.3%의 신비(神秘)가 지구상의 모든 존재들을 다스릴 수 있게 한 것이다. 이 신비가 바로 ‘말씀’이며, ‘생각함’인 것이다

이제까지 사상과 문학 동인들의 시세계를 살펴봤다. 아홉 분의 동인들이 상상의 날개인 말씀을 통해 생명을 노래한다는 것을 알 수 있었다. 다시 말해 동인들 모두, 어린아이와 같은 순수함으로 하나님과의 대화인 신통(神通)은 잘 이루어지고 있음을 알 수 있었다. 그리고 예술과의 대화인 시적 형상화에는 미흡한 점이 없지 않다는 것도 알 수 있었다. 그러나 하늘을 향한 그리움과 사랑으로 다 극복할 수 있을 것으로 믿으며, 이 글을 마친다.

시인, 문학박사

유 승 우

달빛 한 자락

초판 1쇄 발행 2014년 12월 15일

지은이 곽명선 반인홍 서요셉 이명희 이민욱
이주후 조운파 최병극 최성대

펴낸곳 하나로 선 사상과 문학사
발행인 박영률
등록 1995년 3월 10일(제2014-000051호)
주소 서울시 영등포구 도신로 244
전화 02-6225-7001
팩스 02-6225-7009
인쇄기획 큰샘출판사

ISBN 978-89-89659-30-3 03800

값 8,000원

이 도서의 국립중앙도서관 출판시도서목록(CIP)은 서지정보유통지원시스템 홈페이지(http://seoji.nl.go.kr)와 국가자료공동목록시스템(http://www.nl.go.kr/kolisnet)에서 이용하실 수 있습니다(CIP제어번호: CIP2014036268).